Popular Complete Smart Series

Complete
FrenchSmart®

Grade
6

Contents

Greetings

Vocabulaire : Les salutations

Grammaire : Formel vs. familier

Expressions : « Je m'appelle... »
"My name is..."

« Comment t'appelles-tu? »
"What is your name?"

> **Comment ça va?**
> *koh·maan sah vah*
> *How are you doing?*

> **Ça va mal!**
> *sah vah mahl*
> *I'm not doing well!*

A. Copiez les mots.
Copy the words.

H E L L O

Bonjour!
Good morning/Hello!

_____
bohn·joor

Bon après-midi!
Good afternoon!

_____
bohn ah·preh·mee·dee

Bonsoir!
Good evening!

_____
bohn·swahr

Bonne nuit!
Good night!

_____
bohn nwee

Bonne journée!
Have a good day!

_____
bohn joor·neh

Salut!
Hi!

_____
sah·lew

G O O D B Y E

> **À demain Madame!**
> See you tomorrow, Ma'am!
>
> _____
> *ah duh·mahn mah·dahm*

familiar

À la prochaine!
See you next time!

_____
ah lah proh·shehn

Adieu!
Farewell!

_____
ah·dyuh

À bientôt!
See you soon!

_____
ah byahn·toh

À plus!
Later!

_____
ah plews

Greeting people!

These verbs belong to the first group of "-ER" verbs which take the following endings:

sg.	pl.
-e	-ons
-es	-ez
-e	-ent

serrer la main de (quelqu'un)
to shake hands with (someone)

_____

seh·reh lah mahn duh

serrer (quelqu'un) dans ses bras
to hug (someone)

_____

seh·reh daan seh brah

Le matin, je serre mon chien dans mes bras!
In the morning, I hug my dog!

saluer (quelqu'un) de la main
to wave to (someone)

embrasser (quelqu'un)
to kiss (someone) on the cheeks

_____

sah·lew·eh duh lah mahn

_____

aam·brah·seh

B. Encerclez la bonne heure pour chacune des expressions.
Circle the correct time for each of the greeting expressions.

1. **Bonne nuit!**
13 h
9 h
22 h 30

2. **Bonne journée!**
20 h
2 h 40
10 h 30

3. **Bon après-midi!**
1 h 30
13 h 30
9 h 20

4. **Bonjour!**
à minuit
le matin
le soir

5. **Bonsoir!**
le matin
à midi
le soir

Greeting and Parting

"Bonjour" and "Au revoir" are formal greetings that express respect for the person to whom you are speaking.

Salut!

À plus!

These are familiar greetings that you can use with your friends, relatives, classmates, or even your pets!

C. **Choisissez entre « Bonjour » et « Salut » pour saluer chaque individu.**
Choose between "Bonjour" and "Salut" to greet each individual.

1. _____ mon amie!

2. _____ Maman!

3. _____

4. _____

5. _____

6. _____

D. **Traduisez les salutations en anglais.**
Translate the greetings into English.

1. À bientôt!   2. À plus!   3. À demain!

_____   _____   _____

4. Adieu!   5. À la prochaine!

_____   _____

E. **En utilisant les verbes à la page 5 écrivez une phrase qui décrit l'image.**
Use the verbs on page 5 to write a sentence for each picture.

1.
Je _____ .

2.
Alice et Marie _____ .

3.
Tu _____ .

4.
Mon frère _____ .

Formel ou familier?
Formal or Familiar?

	Formal	Familiar	Familiar
Question	Comment allez-vous? *koh·maan tah·leh voo* How are you?	Ça va? *sah vah* How's it going?	Quoi de neuf? *kwah duh nuhf* What's new?
Answer	Je vais bien, merci. *juh veh byahn mehr·see* I'm good, thank you.	Ça va bien, merci. *sah vah byahn mehr·see* Good, thank you.	Rien de neuf. *ryahn duh nuhf* Nothing's new.
	Bien, et vous? *byahn eh voo* Good, and you?	Ça va mal. *sah vah mahl* Bad.	
	Bien, merci. *byahn mehr·see* Good, thank you.	Comme ci, comme ça. *kohm see kohm sah* So, so.	

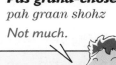

Pas grand-chose.
pah graan shohz
Not much.

F. **Écrivez deux réponses possibles à chaque question.**
Write two possible answers to each question.

1. Comment allez-vous aujourd'hui Mme Leblanc?

   _____

   _____

2. Ça va mon ami?

   _____

   _____

3. Quoi de neuf Paul?

   _____

   _____

Expressions

En anglais :
In English

A: Hello! My name is...
   What is your name?

B: Hello! My name is...

En français :
In French

A: Bonjour! Je m'appelle...
   juh mah·pehl

Comment ┌ t'appelles-tu? (familiar)
koh·maan │ *tah·pehl tew*
         └ vous appelez-vous? (formal)
           voo zah·puh·leh voo

B: Bonjour! Je m'appelle...

Bonjour! Je m'appelle Sylvie. Comment vous appelez-vous?
Hello! My name is Sylvie. What is your name?

G. Écrivez un dialogue entre les deux personnages qui se présentent.
Write a dialogue between the two characters introducing themselves to each other.

1. Paul : *Bonjour!* _____

   _____

   M. Martin Leblanc : _____

2. Sylvie : _____

   _____

   Paul : _____

3. Mme Anne Laurent : _____

   _____

   M. Paul Dubois : _____

Les nombres : de 1 à 100

Numbers: 1 to 100

Vocabulaire : Les nombres de l à 100

Grammaire : Les expressions de quantité
« peu, beaucoup, assez, trop »

> **Il y a trop de nombres!**
> *eel ee yah troh duh nohmbr*
> *There are too many numbers!*

A. **Écrivez les nombres manquants entre 1 et 69 en lettres et copiez les nombres entre 70 et 100.**

Write the missing numbers between 1 and 69 in words and copy the numbers 70 to 100.

1 _____	11 _____	21 vingt et un	31 _____
2 _____	12 _____	22 _____	32 _____
3 trois	13 _____	23 _____	33 _____
4 quatre	14 _____	24 _____	34 _____
5 _____	15 _____	25 vingt-cinq	35 _____
6 _____	16 _____	26 _____	36 trente-six
7 _____	17 dix-sept	27 _____	37 trente-sept
8 _____	18 _____	28 vingt-huit	38 _____
9 _____	19 _____	29 vingt-neuf	39 _____
10 _____	20 vingt	30 _____	40 _____

41 quarante et _____

42 _____

43 _____

44 _____

45 quarante- _____

46 _____

47 _____

48 _____

49 _____

50 _____

51 cinquante et _____

52 _____

53 _____

54 _____

55 _____

56 _____ -six

57 _____

58 cinquante- _____

59 _____

60 _____

61 _____

62 soixante- _____

63 _____

64 _____

65 _____

66 _____

67 _____ -sept

68 _____

69 _____

70 *soixante–dix* _____

70 soixante-dix

_____

71 soixante et onze

_____

72 soixante-douze

_____

73 soixante-treize

_____

74 soixante-quatorze

_____

75 soixante-quinze

_____

76 soixante-seize

_____

77 soixante-dix-sept

_____

70: soixante-dix

70 = 60 + 10

71: soixante et onze

71 = 60 + 11

78 soixante-dix-huit

_____

79 soixante-dix-neuf

_____

80 quatre-vingts   _____

81 quatre-vingt-un   _____

82 quatre-vingt-deux   _____

83 quatre-vingt-trois   _____

84 quatre-vingt-quatre   _____

85 quatre-vingt-cinq   _____

86 quatre-vingt-six   _____

87 quatre-vingt-sept   _____

88 quatre-vingt-huit   _____

89 quatre-vingt-neuf   _____

80: quatre-vingt**s**
80 = 4 × 20

81: quatre-vingt-un
81 = (4 × 20) + 1

90 quatre-vingt-dix   _____

91 quatre-vingt-onze   _____

92 quatre-vingt-douze   _____

93 quatre-vingt-treize   _____

94 quatre-vingt-quatorze   _____

95 quatre-vingt-quinze   _____

96 quatre-vingt-seize   _____

97 quatre-vingt-dix-sept   _____

98 quatre-vingt-dix-huit   _____

99 quatre-vongt-dix-neuf   _____

90: quatre-vingt-dix
90 = (4 × 20) + 10

91: quatre-vingt-onze
91 = (4 × 20) + 11

100 cent

_____

saan

B.   Écrivez les nombres en chiffres.
Write the numbers in digits.

1.   trente-neuf   _____

2.   soixante-quatorze   _____

3.   quarante-six   _____

4.   quatre-vingt-six   _____

5.   quatre-vingt-seize   _____

6.   quatre-vingt-dix-huit   _____

7.   soixante-six   _____

8.   soixante-seize   _____

9.   cinquante-sept   _____

10.   soixante-quinze   _____

C.   Écrivez les nombres en lettres.
Write the numbers in words.

92   _____

65   _____

41   _____

77   _____

80   _____

16   _____

79   _____

85   _____

97   _____

Le volume des ventes	
lundi	36
mardi	28
mercredi	90
jeudi	53
vendredi	47
samedi	74
dimanche	17

D.   Regardez la table avec le volume des ventes du magasin. Écrivez les nombres donnés en lettres.
Look at the table showing the sales volume of the store. Write the sales numbers in words.

1. _____

2. _____

3. _____

4. _____

5. _____

6. _____

7. _____

8.   le total de lundi et mardi   _____

9.   le total de vendredi et jeudi   _____

10.   le total de la fin de semaine   _____

11.   le prix du vêtement   _____

E.   Faites les calculs et écrivez les réponses en lettres.
Do the calculations and write the answers in words.

1.   7 plus 69 égalent   _____

2.   94 moins 3 égalent   _____

3.   17 plus 50 égalent   _____

Les adverbes de quantité
Quantity Adverbs

An adverb is a word that modifies a verb, an adjective, or another adverb.
Quantity adverbs can describe how much there is of something.

Quantity adverb + de + noun

trop	too much/many
beaucoup	a lot
assez	enough
peu	little/not much

+ de/d' of

countable nouns (e.g. apples, cookies, etc.)
e.g. Je mange beaucoup **de** pomme**s**.
I eat a lot of apples.

uncountable nouns (e.g. money, flour, etc.)
e.g. Je mange peu **de** farine.
I eat little flour.

Drop the article (le, la, un, une, etc.) when the noun follows a quantity adverb.

F. **Utilisez le bon adverbe pour décrire la quantité dans chaque image.**
Use the correct adverb to describe the quantity in each picture.

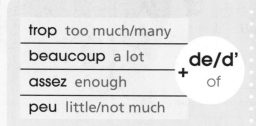
Non, merci!

A Il a mangé _____ biscuits.

B Il y a _____ crème glacée.

C Il y a _____ argent.
ahr·jaan
money

D Il y a _____ eau.

E Il y a _____ pommes.

Les adjectifs possessifs

Possessive Adjectives

Vocabulaire : Les adjectifs possessifs

Révision : Comment utiliser les adjectifs possessifs

Grammaire : La possession et les pronoms disjoints

> **C'est ma robe!**
> seh mah rohb
> It's my dress!

> **Non, c'est ma robe à moi!**
> noh seh mah rohb ah mwah
> No, the dress is mine!

A. Copiez les mots.
Copy the words.

One possessor

	my	your	his/her/its
1 object	mon (m.) _____ *mohn*	ton (m.) _____ *tohn*	son (m.) _____ *sohn*
	ma (f.) _____ *mah*	ta (f.) _____ *tah*	sa (f.) _____ *sah*
>1 object	mes (m./f.)_____ *meh*	tes (m./f.) _____ *teh*	ses (m./f.)_____ *seh*

More than one possessor

	our	your	their
1 object	notre (m./f.) _____ *nohtr*	votre (m./f.) _____ *vohtr*	leur (m./f.) _____ *luhr*
>1 object	nos (m./f.) _____ *noh*	vos (m./f.) _____ *voh*	leurs (m./f.) _____ *luhr*

Comment choisir le bon adjectif possessif
How to choose the correct possessive adjective

Step 1: Identify the number of possessors.

Step 2: Identify the number of things possessed.

Step 3: Identify the gender of the possessed object(s).

If a singular possessed object starts with a vowel, you use mon, ton, or son regardless of the gender.

une école (f.)

but: mon école ✓

~~ma~~ école ✗

e.g. my dress

┌ 1 possessor

Step 1: **my** dress

1 object ┐

Step 2: my **dress**

gender of dress:
une robe (f.) ┐

Step 3: my **dress**

	Je
1 object	mon (m.) ma (f.)
>1 object	mes (m./f.)

Je
mon (m.) ma (f.)
~~mes~~ (m./f.)

Je
~~mon~~ (m.) ma (f.)
mes (m./f.)

Ma robe!

B. Construisez une phrase pour chaque image en imitant l'exemple.
Follow the example to make a sentence for each picture.

 A

 B

 C

 D

 E

your (sg.)　　　our　　　my　　　your (pl.)　　　her

A *C'est ton crayon.* _____　　*Ce sont tes crayons.* _____

B _____　　_____

C _____　　_____

D _____　　_____

E _____　　_____

C.   **Traduisez la phrase en français avec le bon adjectif possessif.**
Translate the sentence into French with the correct possessive adjective.

1.

My favourite season is winter.

2.   Our class is very big.

_____

3.   Your (sg.) teacher is very nice.

_____

4.   His ice cream is cold.

_____

5.   Her 99 dresses are pretty.

_____

6.   Their house is big but their rooms are small.

_____

7.

Your nose is red!

Grammaire

Une autre façon de montrer la possession
Another way to show possession

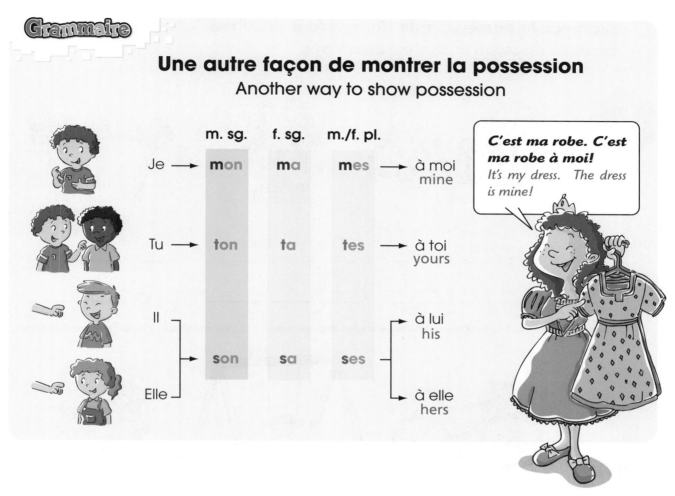

C'est ma robe. C'est ma robe à moi!
It's my dress. The dress is mine!

D. **Récrivez la phrase avec le bon adjectif possessif.**
Rewrite the sentence with the correct possessive adjective.

1. C'est le râteau à lui.   C'est _____ râteau.

2. Je mange la pomme à moi.   _____

3. Les fleurs à toi sont ici.   _____

4. Quelles sont les robes à elle?   _____

5. As-tu besoin du livre à toi?   _____

6. J'embrasse la mère à moi.   _____

E. **Exprimez la possession de deux façons possibles.**
Express possession in two possible ways.

Je

un tigre

une lampe

les clés

mon tigre

le tigre à moi

Tu

un vélo

une balançoire
ewn bah·laan·swahr

les fleurs

Il/Elle

un ananas

une banane

les pommes

F. **Remplissez les tirets avec le bon adjectif possessif.**
Fill in the blanks with the correct possessive adjectives.

1.

Mange _____ my légumes!

Je ne veux pas manger _____ your légumes.

2.

Vite! _____ our mère vient!

Mais, je ne veux pas manger tes légumes à _____ yours.

3.

Paul a mangé ses légumes à _____ his.

Tu dois manger _____ your légumes aussi.

Mais...

G. **Complétez les phrases avec la bonne partie du corps et le bon adjectif possessif.**
Complete each sentence with the correct body part and the correct possessive adjective.

1. Tu marches avec _____ .

2. Je parle avec _____ .

3. Nous mangeons avec _____ .

4. Ils écoutent avec _____ .

Les conjonctions

Conjunctions

Vocabulaire : Les conjonctions

Grammaire : L'emploi des conjonctions

> *J'aime mon chat et mon chien.*
> *jehm mohn shah eh mohn shyahn*
> I like my cat and my dog.

> *Je t'aime aussi mais je n'aime pas Charlie.*
> *juh tehm oh·see meh juh nehm pah shahr·lee*
> I like you too but I don't like Charlie.

Charlie

A. Copiez les mots.
Copy the words.

et and
_____
eh

Il fait froid en automne **et** en hiver.
It's cold in fall and in winter.

ou or
_____
oo

Est-ce que c'est un fruit **ou** un légume?
Is this a fruit or a vegetable?

mais but
_____
meh

Je n'aime pas les fruits **mais** j'aime les légumes.
I don't like fruits but I like vegetables.

ni...ni(ne) neither...nor

parce que because

_____
nee nee

_____
pahrs kuh

puis then

car since

donc therefore/so

_____
pwee

_____
kahr

_____
dohnk

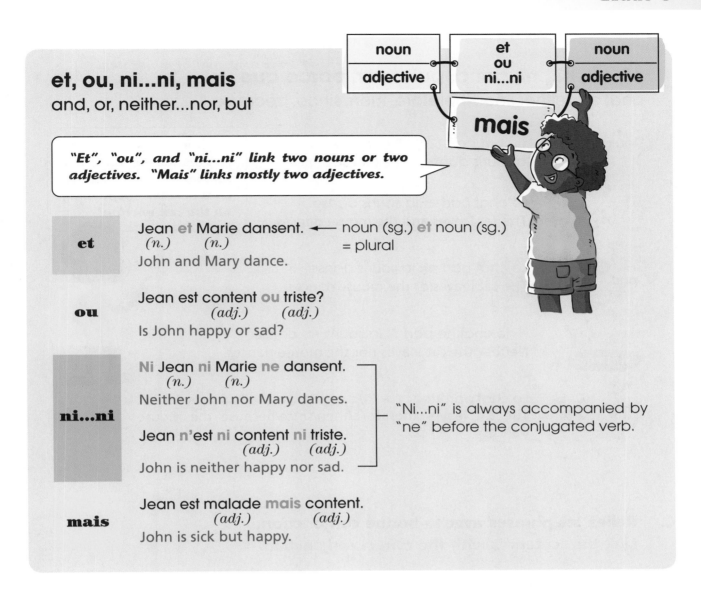

et, ou, ni...ni, mais
and, or, neither...nor, but

"Et", "ou", and "ni...ni" link two nouns or two adjectives. "Mais" links mostly two adjectives.

et	Jean **et** Marie dansent. ⟵ noun (sg.) **et** noun (sg.) *(n.)* *(n.)* = plural John and Mary dance.
ou	Jean est content **ou** triste? *(adj.)* *(adj.)* Is John happy or sad?
ni...ni	**Ni** Jean **ni** Marie **ne** dansent. *(n.)* *(n.)* Neither John nor Mary dances. Jean n'est **ni** content **ni** triste. *(adj.)* *(adj.)* John is neither happy nor sad.
mais	Jean est malade **mais** content. *(adj.)* *(adj.)* John is sick but happy.

"Ni...ni" is always accompanied by "ne" before the conjugated verb.

B.   Remplissez les tirets avec la bonne conjonction.
Fill in the blanks with the correct conjunctions.

1.   Charlie _____ (and) le chat sont des amis.

2.   Qui danse? Charlie _____ (or) le chat?

3.   _____ (Neither) Charlie _____ (nor) le chat __ dansent.

4.   Charlie est content _____ (but) fatigué.

5.   Charlie __est _____ (neither) content _____ (nor) triste.

6.   Où est tu? À l'école _____ (or) à la bibliothèque?

et, ou, ni...ni, donc, puis, car, parce que
and, or, neither...nor, therefore, then, since, because

Deux phrases : Le chat part.   The cat leaves.
La souris danse.   The mouse dances.

> *All conjunctions can link two sentences, but their meaning may change considerably depending on the conjunction!*

Le chat part **et** la souris danse.
The cat leaves and the mouse dances.

Le chat part **ou** la souris danse.
The cat leaves or the mouse dances.

Ni le chat ne part **ni** la souris **ne** danse.
Neither the cat leaves nor the mouse dances.

Le chat part **donc/puis/car/parce que** la souris danse.
The cat leaves therefore/then/since/because the mouse dances.

C. **Reliez les phrases avec la bonne conjonction.**
Link the sentences with the correct conjunction.

1. Je mange. J'ai faim. (because)

   _____

2. Tu chantes. Tu danses. (and)

   _____

3. Nous avons raison. Nous sommes intelligents. (since)

   _____

4. Je mange mon déjeuner. Je me brosse les dents. (then)

   _____

> **Pourquoi est-ce que tu danses?**
> *poor·kwah ehs·kuh tew daans*
>
> Why are you dancing?

> **Parce que je suis content!**
> *pahrs kuh juh swee kohn·taan*
>
> Because I'm happy!

En anglais :	En français :
In English	**In French**
"Why...?"	« Pourquoi...? » *poor·kwah*
"Because..."	« Parce que... » *pahrs kuh*

＊ When "parce que" is followed by a word starting with a vowel, it becomes "parce qu'".

D. Répondez aux questions à l'aide des traductions.

Answer the questions with the help of the translations.

1. Pourquoi est-ce que tu manges?

    _____

    Why do you eat?

    Because I'm hungry.

2. Pourquoi est-ce qu'il danse et elle pleure?

    _____

    Why does he dance and she cry?
    Because he's happy and she's sad.

3. Pourquoi est-ce que tu sommeilles?

    _____

    Why do you take a nap?

    Because I'm tired and bored.

4. Pourquoi est-ce que nous étudions le français?

    _____

    Why do we study French?

    Because it's beautiful.

5. Pourquoi est-ce que son chien aboie?

    _____

    Why does his dog bark?

    Because it's angry.

Expressions

En anglais :
In English

"Neither...nor..."

"Either...or..."

En français :
In French

« Ni...ni...(ne)... »

« Ou...ou... »

Ou tu manges la crème glacée ou tu manges le chocolat.

oo tew maanj lah krehm glah·seh oo tew maanj luh shoh·koh·lah

You can eat either the ice cream or the chocolate.

Je n'aime ni la crème glacée ni le chocolat!

juh nehm nee lah krehm glah·seh nee luh shoh·koh·lah

I like neither ice cream nor chocolate.

E. Complétez les phrases à l'aide des traductions.
Complete the sentences with the help of the translations.

1. Ou je joue avec ma sœur _____ .
    or I go to the park with my brother

2. Tu ne parles _____ .
    neither with your dog nor with your cat

3. Ou vous êtes malades et vous restez à la maison _____ .
    or you go to school

4. Ou ils nagent dans la piscine _____ .
    or they go to the beach

5. Alice ne porte _____ .
    neither her glasses nor her hat

6. Ni le chat n'aime le chien _____ .
    nor does the dog like the cat

F. Remplissez les tirets.
Fill in the blanks.

Julie _____ Marie aiment étudier
and

ensemble _____ elles sont de bonnes
because

amies. Marie va toujours chez Julie₁ _____
since

Julie habite₂ près de leur école. Julie a un chien _____ un chat. Son chien
and

est beau _____ il fait beaucoup de bruit₃. _____ Julie a l'habitude
but   Therefore

d'étudier avec de la musique. _____ le chien _____ Marie
Neither   nor

n'aiment sa musique. _____ la musique est très forte₄ _____ elle
Either   or

est triste. _____ chaque fois₅ que Julie joue de la musique, le chien
So

s'assoit₆ sur son livre _____
then

Marie commence à rire₇.

---

1. *chez Julie : at Julie's*
2. *habiter : to live*
3. *faire beaucoup de bruit : to make a lot of noise*
4. *fort(e) : loud*
5. *chaque fois : each time*
6. *s'assoir : to sit*
7. *commence à rire : starts to laugh*

Unité 5

La négation

The Negative

Vocabulaire : Les verbes en « -IR »

Révision : La négation

Grammaire : La conjugaison des verbes en « -IR »

Ne salissez pas mon lit!
nuh sah·lee·seh pah mohn lee
Don't dirty my bed!

A. Copiez les mots.
Copy the words.

choisir
to choose

_____

shwah·zeer

punir
to punish

_____

pew·neer

finir
to finish

_____

fee·neer

obéir
to obey

_____

oh·beh·yeer

bâtir
to build

_____

bah·teer

agir
to act

_____

ah·jeer

rougir
to blush

_____

roo·jeer

remplir
to fill

_____

raam·pleer

salir
to dirty

_____

sah·leer

nourrir
to feed

_____

noo·reer

avertir
to warn

_____

ah·vehr·teer

grandir
to grow

_____

graan·deer

B. Écrivez le verbe en « -IR » correspondant à chaque image.
Write the "-IR" verb that corresponds to each picture.

1.

2.

3.

_____

_____

_____

4.

5.

_____

_____

6.

7.

8.

_____

_____

_____

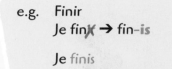

Les verbes en « -IR » du 2ᵉ groupe
"-IR" Verbs of the 2nd Group
Verb endings

singulier		pluriel	
je	-is	nous	-**iss**ons
tu	-is	vous	-**iss**ez
il/elle	-it	ils/elles	-**iss**ent

e.g.   Finir
Je fin~~is~~ → fin-**is**

Je finis
I finish/I am finishing

Nous finissons nos repas!
noo fee·nee·sohn noh ruh·pah
We finish our meals!

C.   Conjuguez les verbes.
Conjugate the verbs.

1.   Marguerite _____ (salir) le tapis.

2.   Je _____ (finir) toujours mes légumes.

3.   Les fleurs _____ (grandir) pendant le printemps.

4.   Jacques _____ (agir) comme un singe.

5.   Nous _____ (remplir) les bouteilles d'eau.

6.   Vous _____ (obéir) toujours à vos parents.

7.   Ils _____ (rougir) de colère.
        koh·lehr
        anger

8.   Tu _____ (nourrir) l'oiseau au grain.

9.   Elle _____ (choisir) souvent le rouge.

Les adverbes négatifs
Negative Adverbs

In French, two parts are needed to make a verb negative.

• « ne...pas » not	Je ne salis pas ma chambre. I don't dirty my room.
• « ne...jamais » never	Tu ne rougis jamais d'embarras. You never blush with embarrassment.
• « ne...plus » no more/not anymore	Vous ne nourrissez plus les oiseaux. You don't feed the birds anymore.
• « ne...nulle part » nowhere/not anywhere	Je ne vais nulle part. I don't go anywhere.

"Ne" comes before the conjugated verb and "pas, jamais, plus, nulle part, rien, etc." come after.

"Ne" becomes "n'" in front of a word that starts with a vowel.

le/la	l'
ne + vowel = n'	
je	j'

D. Mettez les phrases au négatif.
   Put the sentences into the negative.

1. Il va à l'école.   _____
    never

2. J'aime mon cousin.   _____
    not

3. Tu finis tes devoirs.   _____
    never

4. Tu remplis ton verre.   _____
    not

5. Elle rougit de colère. _____
    no more

6. Vous choisissez votre famille. _____
    not

7. Nous bâtissons une maison. _____
    no more

8. J'avertis toujours mes amis. _____
    never

E.   **Cochez la phrase qui correspond à l'image.**
Check the sentence that corresponds to each picture.

1.

◯ Jean ne salit jamais ses vêtements.

◯ Jean aime bâtir des maisons.

◯ Jean ne bâtit plus la maison.

◯ Jean n'aime pas bâtir des maisons.

2.

◯ Jacqueline nourrit son chien.

◯ Zoé ne remplit pas la tasse.

◯ Zoé nourrit sa poupée.

◯ Jacqueline nourrit Zoé.

3.

◯ Olivier et Lucie remplissent les bols.

◯ Lucie remplit son bol.

◯ Lucie mange ses céréales.

◯ Olivier finit ses céréales.

4.

◯ Il nourrit l'oiseau.

◯ Il obéit.

◯ Il n'obéit pas.

◯ L'oiseau finit son repas.

F. **Écrivez une phrase positive et négative pour chaque image avec la bonne forme du verbe indiqué.**

Write a positive and a negative sentence for each picture using the correct from of the indicated verb.

rougir

remplir

G. **Traduisez les phrases en français.**

Translate the sentences into French.

1. Monique is punishing her dog.

   _____

2. Claire and Marie are warning their brother.

   _____

3. Lucie chooses the blue dress.

   _____

4. We are building a house.

   _____

À l'épicerie

At the Grocery Store

Vocabulaire : Les objets à l'épicerie

Grammaire : Les expressions de quantité

J'ai besoin d'une boîte de céréales.
jeh buh·zwahn dewn bwaht duh seh·reh·ahl

I need a box of cereal.

A. Copiez les mots.
Copy the words.

un chariot a cart

_____

euhn shah·ryoh

un panier a basket

_____

euhn pah·nyeh

le prix the price

_____

luh pree

la caisse the cash register

_____

lah kehs

un sac a bag

_____

euhn sahk

la marque the brand

_____

lah mahrk

une épicerie a grocery store

_____

ewn eh·peess·ree

une promotion a sale

_____

ewn proh·moh·syohn

un cent a cent

_____

euhn saan

le caissier
the cashier

_____

luh keh·syeh

le reçu the receipt

_____

luh ruh·sew

la caissière
the cashier

_____

lah keh·syehr

un porte-monnaie
a change purse

_____

euhn pohrt moh·neh

les conserves (f.)
tinned food

_____

leh kohn·sehrv

l'achat (m.)
the purchase

_____

lah·shah

une liste d'achats
a shopping list

_____

ewn leest dah·shah

un produit
a product

_____

euhn proh·dwee

l'étagère (f.)
the shelf

_____

leh·tah·jehr

l'argent (m.)
money

_____

lahr·jaan

Les adjectifs   masculine   feminine

frais _____

fraîche _____

fresh

congelé _____

congelée _____

frozen

conservé _____

conservée _____

preserved

sec _____

sèche _____

dry

sucré _____

sucrée _____

sweet

salé _____

salée _____

salty

amer _____

amère _____

bitter

gratuit _____

gratuite _____

free

cher _____

chère _____

expensive

bon marché _____

bon marché _____

cheap

B. Identifiez les objets dans les images.
Identify the objects in the pictures.

1.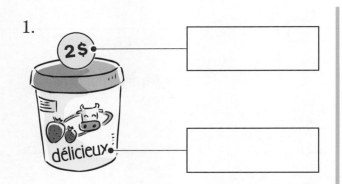

2.

3.

4.

C. Remplissez les tirets avec les mots donnés.
Fill in the blanks with the given words.

1. Le prix se trouve sur _____ .

2. Le caissier se trouve devant _____ .

3. L'argent est dans _____ .

4. Les produits se trouvent sur _____ .

5. Les achats se trouvent dans _____ .

> le porte-monnaie
>
> la caisse
>
> le panier
>
> les étagères
>
> le reçu

N'oubliez pas!
Don't forget!

| frais (m.) → fraîche (f.) |
| sec (m.) → sèche (f.) |

- Feminine adjective = masculine adjective + "-e"
  e.g. un produit gratuit ←— m.
         une pomme gratuite ←— f.

- Plural adjective = singular adjective + "-s"
  e.g. un produit gratuit ←— singular
         des produits gratuits ←— plural

If the singular adjective ends in "-s", it does not change in the plural.

Here are some exceptions.

un produit frais ⌐ no change
des produits frais ⌐

D. Utilisez le bon adjectif avec les noms suivants.
Use the correct adjectives with the following nouns.

1. Ce sont des légumes (m.) _____ (fresh).

2. Les fruits (m.) sont _____ (frozen).

3. La marque est _____ (expensive).

4. La robe est _____ (cheap).

5. J'aime les biscuits (m.) _____ (salty).

6. La crème glacée est _____ (sweet).

7. Le chocolat noir est _____ (bitter).

8. Les produits (m.) _____ (preserved) ne sont pas bons.

9. Les fruits (m.) _____ (dry) sont _____ (salty).

La quantité
Quantity

When using these expressions, be sure to leave out the article of the noun that follows.

Examples:
une boîte de l~~es~~ céréales
une bouteille d' ~~l~~ eau

Une boîte de sardines!

...+ plural countable nouns

- une boîte de...
  ewn bwaht duh
  a box/tin/can of...

- un paquet/sac de...
  euhn pah·keh/sahk duh
  a packet/bag of...

...+ singular uncountable nouns

- une tranche de...
  ewn traansh duh
  a slice of...

- un morceau de...
  euhn mohr·soh duh
  a piece of...

- un verre de...
  euhn vehr duh
  a glass of...

- une bouteille de...
  ewn boo·tey duh
  a bottle of...

- une miette de...
  ewn mee·yeht duh
  a crumb of...

- un bout de...
  euhn boo duh
  a bit of...

E. Remplissez les tirets avec la bonne expression de quantité.
Fill in the blanks with the correct expressions of quantity.

A un _____ de jus

B une _____ de pain

C un _____ de gâteau

D un _____ de biscuits

E une _____ de bonbons

F. Décrivez la quantité de chaque objet.
Describe the quantity of each object.

1.  le fromage

2.  le craquelin

3. l'eau

_____   _____   _____

G. Remplissez les tirets à l'aide des traductions pour obtenir la recette du Croque-Monsieur, un des plats français les plus populaires.
Fill in the blanks to get the recipe of Croque-Monsieur, one of the most popular French dishes.

Recette : **Croque-Monsieur**

Ingrédients :

1. *le pain de mie : sandwich bread*
2. *le jambon : ham*
3. *le poivre : pepper*
4. *le sel : salt*
5. *beurrer : to butter*
6. *le four : the oven*
7. *bon appétit : enjoy your meal*

- 4 _____ (slices) de pain de mie$_1$
- 4 _____ (slices of cheese)
- 2 _____ (big slices) de jambon$_2$
- _____ (a bit of) poivre$_3$ et sel$_4$
- une cuillerée de beurre

Préparation :

1. Coupez les tranches de jambon et fromage. Beurrez$_5$ les pains de mie.

2. Mettez les tranches de jambon et le fromage sur les pains beurrés.

3. Ajoutez du poivre et du sel.

4. _____ (finish) le travail en les plaçant au four$_6$ à 220°C pendant 10 minutes.

5. _____ (eat) votre Croque-Monsieur!

Bon appétit!$_7$

Vocabulaire : Les endroits en ville

Grammaire : La préposition « à »

« Aller » au présent

> **Nous allons à la plage.**
> noo zah·lohn ah lah plahj
>
> We are going to the beach.

A. Copiez les mots.
Copy the words.

Les endroits

le magasin
the store

_____

luh mah·gah·zahn

l'hôtel
the hotel

_____

loh·tehl

l'aéroport
the airport

_____

lah·eh·roh·pohr

le restaurant
the restaurant

_____

luh rehs·toh·raan

le cinéma
the cinema

_____

luh see·neh·mah

le musée
the museum

_____

luh mew·zeh

le parc
the park

_____

luh pahrk

le marché
the market

_____

luh mahr·sheh

le lac
the lake

_____

luh lahk

le pont
the bridge

_____

luh pohn

le centre d'achats
the shopping centre

_____

luh saantr dah·shah

le monument
the monument

_____

luh moh·new·maan

Les endroits

l'école
school

_____

leh·kohl

la ville
the city

_____

lah veel

la bibliothèque
the library

_____

lah bee·blee·yoh·tehk

la maison
home

_____

lah meh·zohn

la plage
the beach

_____

lah plahj

la campagne
the countryside

_____

lah kaam·pahny

la tour
the tower

_____

lah toor

la rivière
the river

_____

lah ree·vyehr

la cabine téléphonique
the telephone booth

_____

lah kah·been teh·leh·foh·neek

B. **Complétez les phrases avec la préposition « à » suivie de l'endroit indiqué.**
Complete the sentences with the preposition "à" followed by the indicated places.

1. André regarde un film _____ .
   at the cinema

2. Benoît aime manger _____ .
   at the restaurant

3. Jacqueline étudie _____ .
   at school

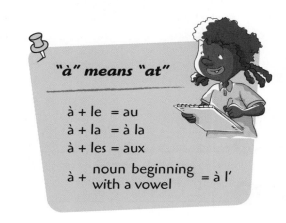

"à" means "at"

à + le = au
à + la = à la
à + les = aux
à + noun beginning with a vowel = à l'

4. La classe de Mme Legrand aime regarder

   les dinosaures _____ .
   at the museum

5. Nicolas et Amélie achètent un paquet de bonbons _____ .
   at the store

C. Écrivez le nom de l'endroit en utilisant la construction « à + le nom de l'endroit ».

Write the name of the place using "à + name of the place".

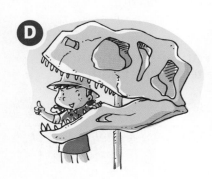

A _____

B _____

C _____

D _____

E _____

F _____

G _____

H _____

La préposition « à » et les endroits
The Preposition "à" and Places

In French, the preposition "à" is placed before the names of places. It can have different meanings depending on the context.

"à" means:

| **in** | Marcel est **à la** cuisine.
Marcel is in the kitchen. |

| **at** | Il fait froid **au** cinéma.
It is cold at the movie theatre. |

| **to** | Je vais **à l'**école.
I go/am going to school. |

Aujourd'hui je reste au lit, je ne vais pas à l'école.
oh·joor·dwee juh rehst oh lee juh nuh veh pah zah leh·kohl

Today, I stay **in** bed. I don't go **to** school.

D. Remplissez les tirets en traduisant de l'anglais.
Fill in the blanks by translating from English.

1. Je _____ .
   eat at school

2. Elles _____ leurs devoirs _____ .
   finish   in/at the library

3. Vous _____ .
   are at the airport

4. Tu _____ .
   are at the beach

5. Il _____ .
   is hot in the park

6. Nous _____ .
   arrive at home

Aller (à)
To go (to)

> When describing a movement to a destination, the verb "aller" is followed by "à" to mean "to go to a place".
>
> ___
>
> aller **à** (un endroit)
> *to go **to** (a place)*

"Aller" is an irregular verb. It is a verb of movement that means "to go".

singulier		pluriel	
Je vais *juh veh*	I go/am going	Nous allons *noo zah·lohn*	we go/are going
Tu vas *tew vah*	you go/are going	Vous allez *voo zah·leh*	you go/are going
Il/Elle va *eel/ehl vah*	he/she goes/is going	Ils/Elles vont *eel/ehl vohn*	they go/are going

E. **Remplissez les tirets avec la bonne forme du verbe « aller » suivie de la préposition « à ».**

Fill in the blanks with the correct form of the verb "aller" followed by the preposition "à".

1. Alice _____ magasin.

2. Je _____ l'école.

3. Alex et son chien _____ parc.

4. Vous _____ la campagne.

5. Nous _____ centre d'achats.

6. Tu _____ la maison.

7. Ils _____ l'hôtel.

8. Je _____ marché.

9. Toi et ta mère _____ l'épicerie.

> **Attention!**
>
> Other verbs of movement **toward** a place could be followed by "à":
>
> arriver à :   arrive **at**
> monter à :   climb up **to**
> porter à :   to take **to**

F. **Écrivez une phrase pour chaque image avec le verbe « aller (à) ».**
Write a sentence for each picture with the verb "aller (à)".

Ⓐ _____

Ⓑ _____

Ⓒ _____

Ⓓ _____

G. **Écrivez l'endroit où vous allez à chaque heure.**
Write where you go at the given times.

À 8 h 30, je _____ .

À 17 h, je _____ .

À 21 h, je _____ .

La cuisine

The Kitchen

Vocabulaire : Les objets de la cuisine

Grammaire : Les verbes en « -RE »

J'attends mon dîner.
jah·taan mohn dee·neh
I'm waiting for my lunch.

A. Copiez les mots.
Copy the words.

le grille-pain
the toaster

_____
luh greey pahn

la poêle
the frying pan

_____
lah pwahl

la bouilloire
the kettle

_____
lah boo·ywahr

A le réfrigérateur

_____
luh reh·free·jeh·rah·tuhr

B la hotte

_____
lah oht

C le micro-ondes

_____
luh mee·kroh·ohnd

D le placard

_____
luh plah·kahr

E le tiroir

_____
luh tee·rwahr

F la cuisinière

_____
lah kwee·zee·nyehr

G le four

_____
luh foor

H la cafetière

_____
lah kahf·tyehr

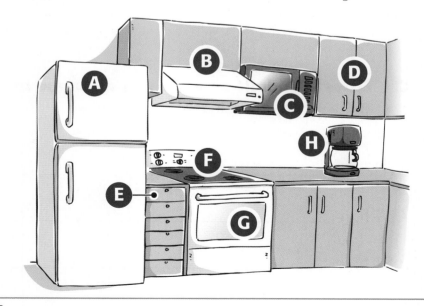

la table
the table

_____

lah tahbl

un bol
a bowl

_____

euhn bohl

la chaise
the chair

_____

lah shehz

un verre
a glass

_____

euhn vehr

le napperon
the tablemat

_____

luh nahp·rohn

une serviette
a napkin

_____

ewn sehr·vyeht

P une fourchette

_____

ewn foor·sheht

R un couteau

_____

euhn koo·toh

Q une assiette

_____

ewn ah·syeht

S une cuillère

_____

ewn kwee·yehr

B. Écrivez le nom de chaque objet.
Write the name of each object.

1.

_____

2.

_____

3.

_____

4.

_____

5.

_____

6.

_____

7.

_____

8.

_____

9.

_____

C. Reliez les mots qui vont ensemble.
Link the words that go together best.

une chaise •

un couteau •

un napperon •

un bol •

la cuisinière •

• une fourchette

• une assiette

• une table

• la hotte

• une serviette

D. Remplissez les tirets à l'aide des images.
Fill in the blanks with the help of the pictures.

1. Nous remplissons le _____ de nourriture.

2. Je bois du lait au chocolat d'un _____ .

3. Mon grand-père bâtit une _____ pour la cuisine.

4. Paul remplit son _____ .

5. Simon finit son dîner avec sa _____ .

6. Il nourrit son petit frère avec une _____ .

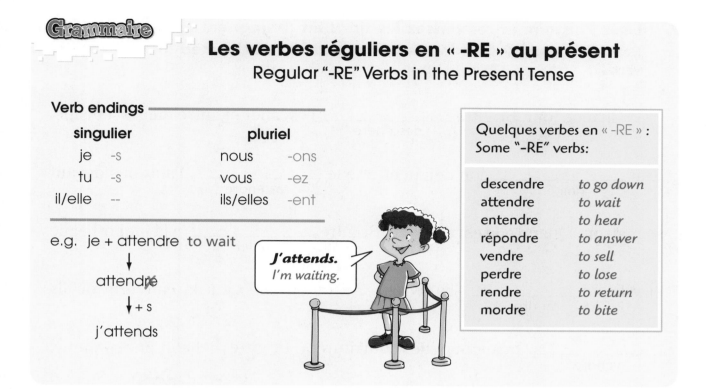

Les verbes réguliers en « -RE » au présent
Regular "-RE" Verbs in the Present Tense

Verb endings

singulier		pluriel	
je	-s	nous	-ons
tu	-s	vous	-ez
il/elle	--	ils/elles	-ent

e.g. je + attendre to wait

attendre
+ s
j'attends

J'attends.
I'm waiting.

Quelques verbes en « -RE » :
Some "-RE" verbs:

descendre	*to go down*
attendre	*to wait*
entendre	*to hear*
répondre	*to answer*
vendre	*to sell*
perdre	*to lose*
rendre	*to return*
mordre	*to bite*

E.   Conjuguez les verbes. Ensuite remplissez les tirets.
Conjugate the verbs. Then fill in the blanks.

	entendre	répondre	rendre	mordre	descendre
je					
tu					
il/elle					
nous					
vous					
ils/elles					

1.   J' _____ le train.
         to wait

2.   Nous _____ la hotte.
           to hear

3.   Tu _____ au téléphone.
         to answer

4.   Mon chien ne _____ pas.
                to bite

F. **Lisez l'histoire et remplissez les tirets en conjuguant les verbes donnés.**
Read the story and fill in the blanks with the conjugated form of the given verbs.

Chaque jour, Brigitte _____ l'escalier et entre dans la cuisine.
descendre

Elle _____ son déjeuner et elle _____ l'autobus devant
finir   attendre

sa maison. Quand elle est à l'école, Brigitte _____ à la bibliothèque
aller

et elle _____ ses livres. Au dîner, elle va à la cafétéria où ils
rendre

_____ beaucoup de nourriture. Brigitte achète une pomme.
vendre

Elle _____ dans sa pomme
mordre

et _____ sa dent. Oh, la, la!
perdre

Voilà la journée de Brigitte!

G. **Relisez l'histoire et remplissez les tirets.**
Reread the story and fill in the blanks.

1. Brigitte rend _____ à _____ .

2. Au dîner, elle va _____ .

3. Elle achète _____ .

4. Elle _____ dans sa pomme.

5. Elle _____ sa dent.

H. **Encerclez la bonne réponse et remplissez le tiret avec la bonne forme du verbe.**

Circle the correct sentence and fill in the blank with the correct form of the verb.

1.

Louis (vendre)...

A. _____ des conserves.

B. _____ de la limonade.

C. _____ ses jouets.

2.

Élodie et sa mère (attendre)...

A. _____ le train.

B. _____ le médecin.

C. _____ l'autobus.

3.

Tu (descendre)...

A. _____ l'escalier.

B. _____ la montagne.

C. _____ la rivière.

4.

Elle (répondre)...

A. _____ à sa mère.

B. _____ au téléphone.

C. _____ aux questions.

La révision 1

La révision
- Les salutations
- Les nombres : de 1 à 100
- Les adjectifs possessifs
- Les conjonctions
- La négation
- À l'épicerie
- En ville
- La cuisine

A. **Écrivez les mots à la bonne place.**
Write the words in the correct spaces.

| beaucoup | et | je vais bien | ses | mais | bonjour |
| comment allez-vous | réussit | mon | ou | ma |

A  **B**  **C**  **D**

A Olivier parle avec son professeur Mme Martin.

Olivier : « _____ , Mme Martin, _____ ? »

Mme Martin : « _____ , merci, Olivier. »

B Claire est en sixième année. Elle étudie _____ et elle

_____ à ses examens.

C Voici Mathilde et _____ animaux domestiques.

« _____ chien s'appelle Charlie et _____ chatte Fifi »,
dit-elle.

D Nous allons toujours au parc _____ au cinema. _____

nous n'allons jamais au musée _____ à la plage.

cuillère	porte-monnaie	ville	obéit	bol	table
restaurant	agit	à l'épicerie	cents	le placard	cinéma

E Bruno a une punition. Il _____ très mal en classe. Il n'_____ jamais au professeur.

F Moi et ma mère sommes _____ . J'ai mon _____ avec dix _____ dedans.

G Chaque vendredi nous allons en _____ , voir un film au _____ . Souvent, nous dînons au _____ .

H La boîte de céréales est dans _____ . Je cherche mon _____ et ma _____ . Ensuite je me mets à _____ .

B. Écrivez vrai ou faux.
Write true or false.

1. On dit « Bon après-midi » à 13 h 30. _____

2. On garde l'argent dans la caisse. _____

3. On ne trouve jamais de magasins dans les centres d'achats. _____

4. On lave la poêle dans l'évier. _____

5. Quatre-vingts est moins grand que quarante. _____

6. Les bonbons ne sont pas sucrés. _____

C. Remplacez le mot anglais avec le bon mot français.
Replace the English word with the correct French word.

_1._____ , je m'appelle Angélique.

Aujourd'hui, je _2._____ . Ma mère me

donne soixante-quinze dollars _3._____ une

liste d'achats. Je mets la liste et _4._____

dans mon portefeuille puis j'attends l'autobus

devant ma maison. Quand l'autobus arrive en ville,

je _5._____ à l'arrêt le plus près possible de l'épicerie. Je cherche

partout _6._____ mais je ne les trouve pas _7._____ je prends

_8._____ . À l'épicerie, il y a _9._____ d' _10._____

remplies de _11._____ . Je regarde _12._____ et je _13._____

mon panier avec ce dont j'ai besoin : des fruits _14._____ , des légumes

_15._____ , des pâtes et du poisson _16._____ . Je _17._____

aussi des bonbons bien _18._____ . Je vais à _19._____ parce que j'ai

tout sur ma liste. _20._____ est très élevé! Ça coûte 75,89 $ et je n'ai que

75 $. Je _21._____ de rendre les bonbons. Ça y est, j'ai _22._____

d'argent! _23._____ me rend cinq _24._____ et _25._____ .

---

1. Hello	2. to go to the grocery store	3. and	4. the money
5. to go down	6. the carts	7. therefore	8. a basket
9. a lot	10. shelves	11. products	12. my grocery list
13. to fill	14. dry	15. frozen	16. fresh
17. to take	18. sweet	19. the cash register	20. the price
21. to choose	22. enough	23. the woman cashier	24. cents
25. my bags			

D. **Remettez le texte dans le bon ordre.**
Put the events from the text in order.

1. Elle prend un panier.
2. La caissière donne les sacs et cinq cents à Angélique.
3. Elle rend les bonbons parce qu'elle n'a pas assez d'argent pour son achat.
4. Angélique se présente.
5. Elle regarde sa liste d'achats.
6. Elle prend l'autobus à l'épicerie.

_____

_____

_____

_____

_____

E. **Encerclez la quantité dans l'image.**
Circle the quantity shown.

A un morceau / une miette
...de gâteau

B une boîte / une tranche
...de craquelins

C une bouteille / un morceau
...de fromage

D un verre / une bouteille
...de jus

E des miettes / une boîte
...de pain

F un bout / un sac
...de bonbons

F. Mettez la bonne lettre dans le cercle.
Put the correct letter in the circle.

Nous nageons... ◯

Un reçu est... ◯

Une tour se trouve... ◯

« Pas assez » veut dire... ◯

Chaque produit a... ◯

Comment allez-vous? ◯

Ni Jean, ni Luc... ◯

Comment t'appelles-tu? ◯

Je rends mes livres... ◯

Ça coûte trop cher. ◯

Ça va? ◯

A Je m'appelle Zoé.

B ne répondent au téléphone.

C Comme çi, comme ça.

D une liste de vos achats.

E C'est trop cher.

F dans une ville.

G trop peu.

H Bien, merci.

I à la bibliothèque.

J dans le lac.

K une marque.

G. Rayez l'intrus.
Cross out the word that does not belong.

1. mes
   mon
   ta
   ma

2. À demain!
   Adieu!
   À la prochaine!
   Bonjour!

3. beaucoup
   jamais
   trop
   assez

4. choisissons
   obéissons
   finissons
   rougissez

5. une miette
   un chariot
   un panier
   un sac

6. attendre
   mordre
   vendre
   remplir

H. Reliez les mots qui conviennent.
Join the words that go together.

1. le sac à lui •   • l'argent

2. pourquoi •   • un bol

3. un cent •   • son sac

4. la caisse •   • le lac

5. la rivière •   • un chariot

6. une assiette •   • parce que

7. entendre •   • écouter

8. un panier •   • le caissier

Les sports

Sports

Vocabulaire : Les sports et les équipements

Révision : Les articles partitifs (du, de la, de l', des)

Grammaire : Le verbe « faire »

Expressions : « Faire de » / « jouer à » avec les sports

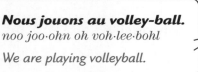

> ***Nous jouons au volley-ball.***
> *noo joo·ohn oh voh·lee·bohl*
> *We are playing volleyball.*

A. Copiez les mots.
Copy the words.

le soccer

luh soh·ker

le ballon the ball

luh bah·lohn

le tennis

luh teh·neess

la balle de tennis the tennis ball

lah bahl duh teh·neess

le football américain

luh foot·bohl ah·meh·ree·kahn

le terrain the field

luh teh·rahn

le golf

luh gohlf

le club the club

luh kleuhb

le basket-ball

luh bahs·keht·bohl

le panier the basket

luh pah·nyeh

le hockey

luh oh·keh

la rondelle the puck

lah rohn·dehl

le volley-ball A

luh voh·lee·bohl

le filet the net

luh fee·leh

le ski B

luh skee

les bâtons de ski ski poles

leh bah·tohn duh skee

le patinage C

luh pah·tee·nahj

les patins à glace ice-skates

leh pah·tahn ah glahs

la lutte D

lah loot

le matelat the mat

luh maht·lah

le vélo E

luh veh·loh

le casque the helmet

luh kahsk

la boxe F

lah bohks

les gants de boxe
boxing gloves

leh gaan duh bohks

la gymnastique G

luh jeem·nahs·teek

la poutre
the balance beam

lah pootr

la natation H

lah nah·tah·syohn

le costume de bain
the bathing suit

luh kohs·tewm duh bahn

le base-ball I

luh behz·bohl

le bâton de base-ball
the baseball bat

luh bah·tohn duh behz·bohl

B. Écrivez le nom du sport correspondant à chaque équipement.
Write the name of the sport corresponding to each piece of equipment.

1.

_____

2.

_____

3.

_____

4.

_____

5.

_____

6.

_____

7.

_____

8.

_____

9.

_____

10.

_____

« Faire » et « jouer » au présent
"To Do" and "To Play" in the Present Tense

"Faire" means "to do" and it is used with sports that are "not played", such as skiing, swimming, and biking. "Faire" is an irregular verb that needs to be memorized.

"Jouer" means "to play" and it is used with sports that are "played", such as basketball, football, hockey, and golf.

faire + de* to do		jouer + à* to play	
singulier	**pluriel**	**singulier**	**pluriel**
je fais I do *juh feh*	nous faisons we do *noo feh·zohn*	je joue I play *juh joo*	nous jouons we play *noo joo·ohn*
tu fais you do *tew feh*	vous faites you do *voo feht*	tu joues you play *tew joo*	vous jouez you play *voo joo·eh*
il/elle fait he/she does *eel/ehl feh*	ils/elles font they do *eel/ehl fohn*	il/elle joue he/she plays *eel/ehl joo*	ils/elles jouent they play *eel/ehl joo*

* The preposition "de" is used with "faire" when it means "to do a sport".

e.g. Il fait de la natation.
    He swims/is swimming.

* The preposition "à" is used with "jouer" when it means "to play a sport".

e.g. Elle joue au basket-ball.
    She plays/is playing basketball.

C. Écrivez la bonne forme du verbe selon le sujet.
    Write the correct form of the verb according to the subject.

———— « Faire de » ————

Je _____ du ski.

Tu _____ de la boxe.

Il _____ de la natation.

Elle _____ de la lutte.

Nous _____ de la gymnastique.

Vous _____ du vélo.

Ils/Elles _____ du patinage.

———— « Jouer à » ————

Je _____ au soccer.

Tu _____ au tennis.

Il _____ au basket-ball.

Elle _____ au base-ball.

Nous _____ au volley-ball.

Vous _____ au hockey.

Ils/Elles _____ au golf.

D. **Écrivez une phrase complète en utilisant le bon verbe « jouer à/faire de ».**
Write a complete sentence using the correct verb "jouer à/faire de".

1. Elles/la boxe

   _____

2. Marie/le patinage

   _____

3. Vous/le hockey

   _____

4. Bruno et Daniel/le tennis

   _____

5. Tu/le basket-ball

   _____

6. Ils/la lutte

   _____

7. Il/le golf

   _____

8. Pierre et Martin/le soccer

   _____

   _____

E. **Remplissez les tirets pour compléter le journal de Thérèse.**
Fill in the blanks to complete Thérèse's diary entry.

Cher journal ,
₁

J'en _____ assez ! Chaque samedi,
to have   ₂

je me _____ à 7 h 30. À 8 h 30 je
to wake up: réveiller

_____ ; à 9 h 30 moi et mon père,
to swim

nous _____ . Heureusement nous
to play golf   ₃

_____ le dîner à 11 h 30 pile ,
to eat   ₄

mais tout recommence à 12 h quand je
                        ₅   ₆

_____ avec l'équipe de basket. À 14 h
to play basketball

je _____ à la télévision et à 16 h
to watch boxing

nous _____ les courses avec ma
to do   ₇

mère. À 18 h, quand mes parents _____ le souper, moi et ma sœur
                                 to prepare: préparer

_____ aux cartes . À 19 h 30 nous _____ le souper et après
to play   ₈   to eat

20 h je ne me souviens plus car je m'endors sur le canapé. Cher journal, j'en ai
                        ₉   ₁₀

assez! Je _____ fatiguée!
           to be

| Mes samedis sportifs |
| My Sports-filled Saturdays |

8 h	le déjeuner
8 h 30	la natation
9 h 30	le golf avec mon père
11 h 30	le dîner avec la famille
12 h	le basket-ball avec l'équipe
14 h	regarder la boxe
16 h	faire les courses
18 h	jouer aux cartes
20 h	—— ?! ——

Quel jour! What a day!

1. Cher journal : Dear diary
2. en avoir assez : to be fed up
3. heureusement : luckily
4. à 11 h 30 pile : at exactly 11:30
5. tout recommence : everything starts again
6. quand : when
7. faire les courses : to do the shopping
8. jouer aux cartes : to play cards
9. je ne me souviens plus : I don't remember anymore
10. je m'endors : I fall asleep

Au restaurant

At the Restaurant

Vocabulaire : Le menu et les plats

Grammaire : Le futur proche

Expressions : « Aller + prendre »

> ***Nous allons prendre une salade verte.***
> *noo zah·lohn praandr ewn sah·lahd vehrt*
>
> *We are going to have a green salad.*

A. Copiez les mots.
Copy the words.

Le menu _____
The Menu   *luh muh·new*

les entrées	**les plats principaux**		
appetizers	main courses		
_____	_____		
leh zaan·treh	*leh plah prahn·see·poh*		
la salade	**les pâtes**	**le pain**	**le riz**
salad	pasta	bread	rice
_____	_____	_____	_____
lah sah·lahd	*leh paht*	*luh pahn*	*luh ree*
la soupe	**la viande**	**les fruits de mer**	
soup	meat	seafood	
_____	_____	_____	
lah soop	*lah vee·aand*	*leh frwee duh mehr*	
le fromage	**la volaille**	**la pomme de terre**	
cheese	poultry	potato	
_____	_____	_____	
luh froh·mahj	*lah voh·lahy*	*lah pohm duh tehr*	

les desserts
desserts

_____
leh deh·sehr

les crêpes
crêpes

_____
leh krehp

la crème glacée
ice cream

_____
lah krehm glah·seh

le gâteau
cake

_____
luh gah·toh

les boissons
drinks

_____
leh bwah·sohn

le thé
tea

_____
luh teh

le jus
juice

_____
luh jew

l'eau
water

_____
loh

le café
coffee

_____
luh kah·feh

le lait
milk

_____
luh leh

le nectar
nectar

_____
luh nehk·tahr

la boisson gazeuse
pop

_____
lah bwah·sohn gah·zuhz

la limonade
lemonade

_____
lah lee·moh·nahd

la tisane
herbal tea

_____
lah tee·zahn

---

avoir soif to be thirsty

_____
ah·vwahr swahf

prendre to take/have

_____
praandr

le déjeuner breakfast

_____
luh deh·juh·neh

avoir faim to be hungry

_____
ah·vwahr fahm

goûter to taste

_____
goo·teh

le dîner lunch

_____
luh dee·neh

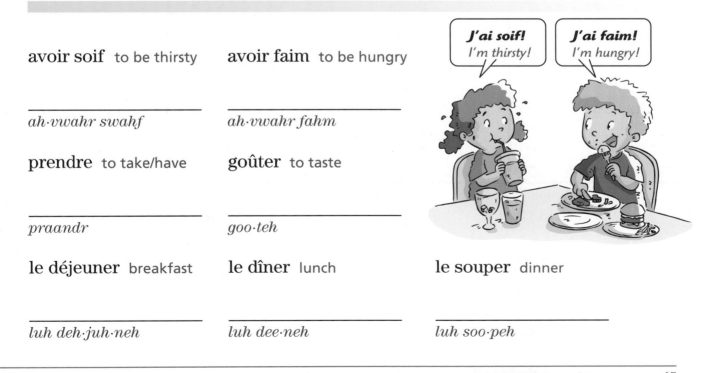

le souper dinner

_____
luh soo·peh

B. Écrivez le nom des objets.
Write the names of the objects.

A _____

B _____

C _____

D _____

P _____

Q _____

R _____

S _____

T _____

C. Rayez ce qui n'appartient pas au groupe.
Cross out the item that does not belong to the group.

1. le thé
    la tisane
    la viande
    l'eau

2. les pâtes
    la soupe
    la volaille
    le gâteau

3. le déjeuner
    le dîner
    le nectar
    le souper

4. la carotte
    le céleri
    le pain
    la pomme de terre

5. le nectar
    le lait
    la limonade
    le jus

Grammaire

Aller + infinitif = futur proche
To Go + Infinitive = Near Future

Aller	Infinitif	
Je vais	prendre...	I **am going** to have...
Tu vas	danser...	You **are going** to dance...
Il/Elle va	parler...	He/She **is going** to talk...
Nous allons	finir...	We **are going** to finish...
Vous allez	courir...	You **are going** to run...
Ils/Elles vont	perdre...	They **are going** to lose...

Je vais finir mes devoirs.
juh veh fee·neer meh duh·vwahr
I am going to finish my homework.

D. Faites passer les phrases du présent en futur proche. Ensuite traduisez les phrases en anglais.

Change the sentences from present tense to near future. Then translate them into English.

1. Je joue au tennis.

   Je vais ______________________ .

   En anglais : ______________________

2. Tu finis tes devoirs.

   ____

   En anglais : ______________________

3. Marie descend l'escalier.

   ____

   En anglais : ______________________

4. Nous nageons tous les jours.

   ____

   En anglais : ______________________

5. Vous dansez très bien.

   ____

   En anglais : ______________________

6. Tu goûtes le café.

   ____

   En anglais : ______________________

Expressions

"Futur proche" is used for ordering food in a restaurant.

En anglais : **In English**	En français : **In French**
to order food: "I am going to have…" (near future)	pour commander : « Je vais prendre… » (futur proche)

Je vais prendre la soupe aux légumes.
juh veh praandr lah soop oh leh·gewm

I am going to have the vegetable soup.

E. **Regardez les cartes et écrivez ce que chacun va prendre.**
Look at the orders and write what each person is going to have.

A Je

la soupe du jour
la salade verte
le croque-monsieur

B Tu

du jus d'orange
la crêpe
le riz
le yogourt

C Nous

des œufs
une salade
des fèves
du café

D Elles

un café
du lait
des crêpes au chocolat

E Il

la salade niçoise
du jus
du pain

F Elle

une tisane
une tranche de gâteau

A Je vais prendre _____

_____

B _____

_____

C _____

_____

D _____

_____

E _____

_____

F _____

_____

F. **Regardez le menu et commandez votre repas.**
Look at the menu and place your order in French.

Le menu

les entrées :
la salade verte
la soupe du jour
le fromage chèvre chaud₁

les plats :
le steak-frites₂
les pâtes à l'italienne₃
le croque-monsieur

les desserts :
la tarte aux fraises
la crème glacée
la crêpe au sucre₄

le serveur : Qu'est-ce que vous allez prendre Monsieur/Madame?

Je : _____

_____

le serveur : Est-ce que vous allez prendre un dessert aussi?

Je : _____

_____

1. *chaud(e) : hot*
2. *les frites : chips*
3. *à l'italienne : Italian-style*
4. *le sucre : sugar*

11 La santé

Health

Vocabulaire : La santé

Grammaire : Le comparatif et le superlatif

Vous êtes la médecin la plus gentille au monde!
voo zeht lah mehd·sahn lah plew jaan·teey oh mohnd
You are the nicest doctor in the world!

A. Copiez les mots.
Copy the words.

la maladie
illness

lah mah·lah·dee

la fièvre
fever

lah fyehvr

la toux
cough

lah too

la coupure
cut

lah koo·pewr

la blessure
injury

lah bleh·sewr

le sang
blood

luh saan

le pansement
bandage

luh paans·maan

le thermomètre
thermometer

lah tehr·moh·mehtr

la piqûre
injection/shot

lah pee·kewr

le stéthoscope
stethoscope

luh steh·tohs·kohp

les médicaments
medication

leh meh·dee·kah·maan

la pilule
pill

lah pee·lewl

le/la médecin
the doctor (male/female)

le/la malade
the patient (male/female)

_____

_____

luh/lah mehd·sahn

luh/lah mah·lahd

l'infirmier (m.)
nurse (male)

l'infirmière (f.)
nurse (female)

_____

_____

lahn·feer·myeh

lahn·feer·myehr

l'hôpital
hospital

l'ambulance (f.)
the ambulance

la pharmacie
the pharmacy

_____

_____

_____

loh·pee·tahl

laam·bew·laans

lah fahr·mah·see

| avoir mal à...
to hurt/have a pain in...

_____ | avoir mal à + partie du corps | e.g. Avoir mal...
• aux genoux
• à la main
• au pied |

J'ai mal au ventre. I have a stomachache.

_____

jeh mahl oh vaantr

Tu as mal à la tête. You have a headache.

_____

tew ah mahl ah lah teht

Elle a mal aux dents. She has a toothache.

_____

ehl ah mahl oh daan

Il a mal à la gorge. He has a sore throat.

_____

eel ah mahl ah lah gohrj

B. **À l'aide de la deuxième phrase, écrivez une phrase complète décrivant là où chaque personne a mal et traduisez-la.**

With the help of the second sentence, write a complete sentence describing where each person has a pain and then translate it.

1.

Guillaume _____ .

Il a besoin d'un dentiste.

En anglais : _____

2.

Lisa _____ .

Elle a besoin des médicaments.

En anglais : _____

3.

Benjamin _____ .

Il a besoin d'un médecin.

En anglais : _____

C. **Complétez les phrases en reliant les deux parties.**

Complete the sentences by matching the two parts.

• au malade.

J'achète des médicaments de •

• ma blessure.

Le médecin fait des piqûres •

• l'hôpital.

L'infirmière met un pansement sur •

• la pharmacie.

Le malade a de la fièvre; il va à •

• un thermomètre.

Le comparatif
The Comparative

−	moins...que...	less...than...
+	plus...que...	more...than...
=	aussi...que...	as...as...

- Marc est **moins** fort **que** Pierre.
  Marc is less strong than Pierre.

- Pierre est **plus** fort **que** Marc.
  Pierre is stronger than Marc.

- Marc est **aussi** fort **que** Jean.
  Marc is as strong as Jean.

Attention!

très* + adj. = very + adj.

*"Très" is an adverb that intensifies adjectives when accompanying them.

e.g.   Alice est malade.   Marie est très malade.
       Alice is sick.   Marie is very sick.

"Moins, plus, aussi" go before the adjective and "que" always goes after.

moins
plus + adjective + que...
aussi

D.   Combinez les deux phrases en utilisant le comparatif.
Combine the two sentences using the comparative.

1.   Alice est gentille. Marie est très gentille.

     Marie est _____ gentille _____ Alice.

2.   Marie est contente. Julie est très contente.

     Julie est _____ .

3.   Ma cousine est grande. Mon cousin est petit.

     Mon cousin est _____ .

4.   Mon père est fort. Mon oncle est fort aussi.

     Mon oncle est _____ .

5.   Caroline est petite. Sa sœur est très petite.

     Sa sœur est _____ .

Le superlatif
The Superlative

| le/la plus... | the most... |
| le/la moins... | the least... |

The superlative is an adjective that describes the "most", "best", "smallest", etc. in a group. It is always preceded by "le/la" just like it is preceded by "the" in English.

- Pierre et Henri sont forts.
  Pierre and Henri are strong.

- André est très fort.
  André is very strong.

- André est plus fort que Pierre et Henri.
  André is stronger than Pierre and Henri.

- André est le plus fort.
  André is the strongest.

- Henri est le moins fort.
  Henri is the least strong.

le/la + plus / moins + adj. (m./f.)

The adjectives still have to agree in gender and number with the nouns they describe.

E.   Combinez les deux phrases en utilisant le superlatif.
Combine the two sentences using the superlative.

1. Les étudiantes sont contentes. La professeure est très contente.

   La professeure est _____ contente.

2. Alex et Paul sont gentils. Leur père est très gentil.

   Leur père est _____ .

3. Les infirmières sont fatiguées. La malade est très fatiguée.

   La malade est _____ .

4. Marie est intelligente. Ses amis sont moins intelligents.

   Marie est _____ .

5. Tu es fort. Ton père et ton oncle sont plus forts que toi.

   Tu es _____ .

F. **Remplissez les tirets avec la bonne forme du comparatif/superlatif.**
Fill in the blanks with the correct comparative/superlative forms.

Pierre et Martin sont des frères mais ils sont _____ différents.
_{very}

Pierre a des cheveux _____ foncés _____ Martin et il est
_{more} _{than}

_____grand_____lui. Pierre est_____âgé$_1$_____
_{less} _{than} _{more} _{than}

Martin de deux ans mais il est beaucoup _____ espiègle$_2$ _____
_{more} _{than}

Martin. En fait$_3$, il est l'étudiant _____ prudent$_4$ de sa classe. Il aime
_{the least}

le sport _____ dangereux : le skate-board. Donc, il se blesse$_5$ toujours
_{the most}

_____ _____ les autres$_6$. La mère de Pierre et Martin est
_{more} _{than}

_____ gentille mère au monde$_7$.
_{the most}

Chaque jour, elle met$_8$ des médicaments sur

ses blessures. Martin, qui$_9$ est _____
_{as}

gentil _____ leur mère, est toujours
_{as}

_____ inquiet$_{10}$ pour Pierre. Il s'attend
_{very}

toujours au pire$_{11}$.

1. *âgé(e) : old, aged*
2. *espiègle : playful*
3. *en fait : in fact*
4. *prudent(e) : careful*
5. *se blesser : to hurt oneself*
6. *les autres : others*
7. *au monde : in the world*
8. *mettre : to put*
9. *qui : who*
10. *inquiet ; inquiète : worried*
11. *le/la pire : the worst*

La question : partie un

Questions: Part One

> **Qu'est-ce que tu veux, Charlie?**
> *kehs kuh tew vuh shar·lee*
> What do you want, Charlie?

> **Ouah, ouah!**
> *ooah ooah*
> Woof, woof!

Vocabulaire : Les adjectifs interrogatifs (qui, que, quand)

Grammaire : Poser la question avec « Est-ce que... »

A. Copiez les mots.
Copy the words.

Est-ce que...?
Do...? (introduces YES/NO questions)

_____

ehs kuh

> **Est-ce que tu aimes le soccer?**
> *ehs kuh tew ehm luh soh·kehr*
> Do you like soccer?

qui who (person)	**que** what (thing)
_____ *kee*	_____ *kuh*
Qui est-ce qui...? Who...?	**Qu'est-ce que...?** What...?
_____ *kee ehs kee*	_____ *kehs kuh*

> **Qui est-ce qui entend le chien?**
> Who hears the dog?

> **Qu'est-ce que tu aimes faire?**
> What do you like to do?

Quand est-ce que...?
When...?

> **Quand est-ce que nous mangeons?**
> When are we eating?

_____

kaan ehs kuh

Poser la question avec « Est-ce que... »
Asking a Question with "Est-ce que..."

> *"Est-ce que" is added to the beginning of a sentence to make a Yes/No question. It is called a Yes/No question because the answer always starts with yes or no.*

Tu vas à l'école. You are going to school.

Q : **Est-ce que** tu vas à l'école? Are you going to school?

R : **Oui**, je vais à l'école. Yes, I am going to school.

Ils mangent du gâteau. They are eating cake.

Q : **Est-ce qu'**ils mangent du gâteau?
Are they eating cake?

R : **Non**, ils **ne** mangent **pas** du gâteau.
No, they are not eating cake.

que + vowel = qu'

Est-ce qu'elle parle?
Est-ce que tu parles?

B. Transformez les phrases en questions avec « Est-ce que » et donnez la réponse.
Change the sentences into questions using "Est-ce que" and give the answers.

1. Ils attendent l'autobus.

   _____

   Non, _____

2. Nous répondons aux questions.

   _____

   Oui, _____

3. Guillaume aime jouer au golf.

   _____

   Oui, _____

Another way of asking a question is to raise your voice at the end of the sentence.

voice raises

Tu prends le métro?
You're taking the subway?

Grammaire

To ask a more specific question, you must first identify whether the person, place, or thing (noun) is the subject or the object of the sentence.

Marie mange **une pomme**.	**Le chien** mange **une pomme**.
subject · · · · · · · · object	subject · · · · · · · · object
Marie is eating an apple.	The dog is eating an apple.

Subject
- **Qui est-ce qui** mange?
  Who (person) is eating?
- **Qu'est ce qui** mange?
  What (thing) is eating?

Object
- **Qu'est-ce que** Marie mange?
  What is Marie eating?
- **Qu'est-ce que** le chien mange?
  What is the dog eating?

These two expressions always come at the beginning of the sentence.

C. **Indiquez le rôle des mots soulignés dans la phrase. Ensuite posez une question à propos de ces mots.**

Indicate the role of the underlined words in the sentence. Then ask a question about those words.

A <u>Mon chien</u> a un jouet.

B Alice commande <u>son repas</u>.

C J'attends <u>mon ami</u>.

D <u>Caroline</u> rend le vidéo.

E Tu écoute <u>la radio</u>.

F <u>Vous</u> parlez ensemble.

	rôle	question
A	_____	_____
B	_____	_____
C	_____	_____
D	_____	_____
E	_____	_____
F	_____	_____

D. Écrivez les adverbes interrogatifs au bon endroit.
Write the interrogative adverbs in the correct place.

Qui est-ce que   Qu'est-ce que
Est-ce que   Quand est-ce que

1.

_____ tu aimes manger le plus?
What do you like eating the most?

_____ nous allons à la piscine?
When are we going to the pool?

2.

_____ j'imite?
Who am I imitating?

_____ tu es un singe?
Are you a monkey?

E. Jouons aux devinettes! Complétez les questions ainsi que les réponses.
Let's guess some riddles! Complete the questions as well as the answers.

1. Q : _____ c'est un animal?   R : Oui, _____
    Is it an animal?   Yes, it is an animal.

2. Q : _____ il mange?   R : Il mange des carottes.
    What does it eat?   It eats carrots.

3. Q : _____ un lapin?   R : Bravo! C'est un lapin.
    Is it a rabbit?   Yes, it's a rabbit.

F. **Posez des questions qui ont les mots soulignés comme réponse.**
Form questions that ask about the underlined words.

> *With "Qui est-ce qui (who)" the verb is always conjugated in third person singular (il/elle).*

> e.g.
> Les garçon**s** mang**ent**.
>
> Q : Qui est-ce qui mange (sg.)?

1. André marche dans la forêt <u>aujourd'hui</u>. (when)

   _____

2. Nous regardons <u>le soccer</u> à la télévision. (what)

   _____

3. <u>Marie et Léon</u> parlent au téléphone. (who)

   _____

4. Ils perdent leur temps. (yes/no question)

   _____

5. Vous allez prendre le train <u>demain</u>. (when)

   _____

6. <u>L'homme</u> vend de la limonade. (who)

   _____

7. Nous attendons <u>la pluie</u>. (what)

   _____

G. Remplissez les tirets pour compléter le texte. Ensuite répondez aux questions ci-dessous.

Fill in the blanks to complete the text. Then answer the questions below.

1. _____ tu dessines, Antoine?
What are you drawing, Antoine?

2. _____ tu penses?
What do you think?

3. _____ c'est un singe?
Is it a monkey?

4. _____ il mange?
What does he eat?

Je ne vais pas te dire. C'est une devinette!
I'm not going to tell you. It's a riddle.

5. _____ tu vas finir ton dessin?
Je ne veux plus deviner.
When will you be done with your drawing? I don't want to guess anymore.

Fini! 6. _____ est dans le dessin?
Finished! Who is in the drawing?

Oh! 7. _____ c'est moi? Comme je suis beau!
Oh! Is it me? I look handsome!

8. Qu'est-ce qu'Antoine dessine? _____

9. Est-ce que le chat trouve la réponse? _____

10. Qui est-ce qui ne veut plus deviner? _____

La communication

Communication

Vocabulaire : La communication et les médias

Grammaire : La prononciation française

> **J'écoute la radio.**
> *jeh·koot lah rah·dyoh*
> *I'm listening to the radio.*

A. Copiez les mots.
Copy the words.

le journal	la lettre	le courrier
the newspaper	the letter	the mail
luh joor·nahl	*lah lehtr*	*luh koo·ryeh*

le télégramme	le téléphone	le portable
the telegram	the telephone	the cellphone
luh teh·leh·grahm	*luh teh·leh·fohn*	*luh pohr·tahbl*

la radio	la revue	l'affiche (f.)
the radio	the magazine	the poster
lah rah·dyoh	*lah ruh·vew*	*lah·feesh*

la télévision	le satellite
the television	the satellite
lah teh·leh·vee·zyohn	*luh sah·teh·leet*

l'Internet
the Internet

lahn·tehr·net

l'information (f.)
the information

lahn·fohr·mah·syohn

les gestes (m.)
the gestures

leh jehst

quotidien(ne) (adj.)
daily

koh·tee·dyahn/koh·tee·dyehn

hebdomadaire (adj.)
weekly

ehb·doh·mah·dehr

mensuel(le) (adj.)
monthly

maan·sew·ehl/maan·sew·ehl

annuel(le) (adj.)
yearly

ah·new·ehl/ah·new·ehl

le courriel
the email

luh koo·ryehl

l'annonce (f.)
the advertisement

lah·nohns

la bouche
the mouth

lah boosh

hier (adv.)
yesterday

ee·yehr

demain (adv.)
tomorrow

duh·mahn

aujourd'hui (adv.)
today

oh·joor·dwee

le blogue
the blog

luh blohg

les nouvelles (f.)
the news

leh new·vehl

l'art (m.)
art

lahr

chaque (adj.)
every

shahk

prochain(e) (adj.)
next

proh·shahn/proh·shehn

dernier/dernière (adj.)
last

dehr·nyeh/dehr·nyehr

La semaine prochaine, je vais aller au cirque!
Next week, I'm going to go to the circus.

B. Complétez les phrases à l'aide des images.
Complete the sentences with the help of the pictures.

1. Le A _ _ _ _ _ _ _ _ _ _ transmet un message au

    B _ _ _ _ _ _ _ _ _ _ _ .

2. Le C _ _ _ _ _ _ _ _ annonce des D _ _ _ _ _ _ _ _ _ _ _ _ .

3. L' E _ _ _ _ _ _ _ _ vend des produits.

4. Les F _ _ _ _ _ _ _ communiquent des émotions.

5. Le G _ _ _ _ _ _ de Jean est bleu.

C. Indiquez quand Véronique fait chaque activité à l'aide de son ordre du jour et les mots donnés.

Indicate when Véronique does each activity with the help of her agenda and the given words.

Voici l'ordre du jour₁ de Véronique.
Here is Véronique's agenda.

Aujourd'hui c'est le 5 juin.
Today is June 5th.

hebdomadaires	mensuels	chaque
dernier	hier	demain

1. Véronique fait du sport _____ jour.

2. _____ , Véronique va faire de la natation.

3. Véronique a des leçons d'art chaque semaine. Ses leçons d'art sont _____ .

4. _____ , Véronique a dansé₂.

5. Véronique va chez le médecin chaque mois. Ses rendez-vous₃ chez le médecin sont _____ . Elle a rendu visite₄ au médecin le mois _____ .

1. *l'ordre du jour : agenda* 2. *a dansé : danced*
3. *un rendez-vous : appointment* 4. *rendre visite : visited*

Grammaire

La prononciation et l'orthographe
Pronunciation and Spelling

	the letter
B beh •	how you say the letter
bras •	french usage
/b/ •	symbol for the sound
baby •	closest English sound

Consonants

B beh **b**ras /b/ **b**aby	**J** jee **j**eudi /ʒ/ mea**s**ure	**P** peh **p**apier /p/ **p**aper	**V** veh **v**ert /v/ **v**iew
C seh **c**idre con**c**ert /s/ /k/ **s**ee **c**at	**K** kah **sk**i /k/ **k**eep	**Q** kew **q**uinze /k/ **c**at	**W** doo-bluh-veh **w**agon /v/ **v**et
D deh **d**imanche /d/ **d**ad	**L** ehl **l**it /l/ **l**etter	**R** ehr **r**equin /r/ **r**obot	**X** eex **x**ylophone /z/ **x**ylophone
F ehf **f**évrier /f/ **f**un	**M** ehm **m**ontre /m/ **m**om	**S** ehs **s**inge /s/ **s**ad	**Y*** ee-grehk **y**ogourt /j/ **y**ellow
G jeh **g**ants /g/ **g**ot	**N** ehn **n**oir /n/ **n**ap	**T** teh **t**rop /t/ **t**ea	**Z** zehd **z**èbre /z/ **z**ebra

Vowels

a ah **a**vion /a/ f**a**t
e uh r**e**garde /ə/ **a**bout
i ee f**i**lle /i/ s**ee**
o oh n**o**s /o/ s**oa**p
u ew t**u** /y/ m**u**te

Accents

´ l'accent aigu bé**b**é short h**ea**d
` l'accent grave p**è**re long b**ea**r
^ l'accent circonflexe f**ê**te very short p**e**t
¨ le tréma no**ë**l different syllable na**ï**ve
ç /s/ la cédille gar**ç**on

Nasal Vowels

in ahn p**ain** /ɛ̃/
an aan t**an**te /ã/
on ohn **on**ze /ɔ̃/
un euhn br**un** /œ̃/

*"Y" could be both a consonant and a vowel.
e.g.   **y**ogourt (consanant)   st**y**lo (vowel)

**"H" usually acts as a vowel and sometimes a consonant. It takes "le/la" as a consonant and "l'" as a vowel.
e.g. le hibou (consonant)   l'homme (vowel)

H** ahsh **h**iver / silent / **h**our

Pronounce the vowels "e" and "u" with puckered lips to make them sound more French!

D.   Écrivez « b » si la voyelle soulignée est brève et « l » si elle est longue.
Write "b" if the underlined vowel is short and "l" if it is long.

1.   <u>é</u>tudiant _____
2.   p<u>â</u>tes _____
3.   h<u>ô</u>tel _____

4.   m<u>è</u>re _____
5.   voil<u>à</u> _____
6.   <u>o</u>reille _____

E. Complétez le mot français à l'aide des signes phonétiques.
Complete the French word with the help of the phonetic symbols.

Nasal Vowels

/ã/ sounds like **aan**

- m__ __suel
  monthly
- dem__ __der
  to ask
- q__ __ __d
  when

/ɛ̃/ sounds like **ahn**

- l'__ __ternet
  Internet
- quotidi__ __
  daily (m.)
- le proch__ __ __
  next (m.)

/ɔ̃/ sounds like **ohn**

- informati__ __
  information
- poiss__ __
  fish

/œ̃/ sounds like **euhn**

- l__ __di
  Monday
- br__ __
  brown (m.)

> *Nasal vowels sound like you're pinching your nose!*

Accents

[e]

- la __ __ __ __vision
  the television
- un __tudiant
  a student
- le c__r__ale
  the cereal

[ɛ]

- fr__ __e
  brother
- l'étag__re
  a shelf
- la biblioth__que
  the library

La cédille

[s]

- gar__on
  boy
- __a va?
  How are you?
- le__on
  lesson

[k]

- un bal__on
  a balcony
- le __amion
  the truck
- un __ __urriel
  an e-mail

Consonants and Vowels

[ø]

- Il pl__ __t.
  It's raining.
- d__ __x
  two

[ʒ]

- une __irafe
  a giraffe
- __e
  I

[i]

- un l__t
  a bed
- une f__ __ __e
  a girl

[u]

- c__ __rrier
  mail
- b__ __che
  mouth

[y]

- rev__ __
  magazine
- t__
  you (sg.)

[k]

- __ __atre
  four
- le __ouloir
  the hallway

[o]

- une ra__ __ __
  a radio
- le __ __leil
  the sun

La question : partie deux

Questions: Part Two

Grammaire : L'inversion des adverbes interrogatifs : « pourquoi, où, et comment »

Révision : L'adjectif interrogatif « quel »

Expressions : « Pourquoi…? Parce que… »

> *Pourquoi n'aimes-tu pas les serpents?*
> *poor·kwah nehm tew pah leh sehr·paan*
> Why don't you like snakes?

A. Copiez les mots et les phrases.
Copy the words and the sentences.

les adverbes interrogatifs

pourquoi
why

_____

poor·kwah

> *Pourquoi joues-tu au tennis?*
> Why do you play tennis?

_____

où
where

_____

oo

> *Où est mon crayon vert?*
> Where is my green pencil?

_____

comment
how

_____

koh·maan

> *Comment parle-t-il?*
> How does he speak?

_____

l'adjectif interrogatif « quel » which

quel (m.sg.)   quels (m.pl.)   quelle (f.sg.)   quelles (f.pl.)

_____ _____ _____ _____

kehl

B. **Conjuguez le verbe au présent.**
Conjugate the verb in the present tense.

> **Est-ce que vous vous souvenez de ces verbes?**
> *Do you remember these verbs?*

1. avoir to have

    tu _____

    vous _____

2. être to be

    je _____

    il _____

3. manger to eat

    nous _____

    vous _____

4. écouter to listen

    je _____

    elles _____

5. grandir to grow

    il _____

    nous _____

6. attendre to wait

    j' _____

    elle _____

7. remplir to fill

    ils _____

    nous _____

8. répondre to answer

    tu _____

    nous _____

9. partager to share

    nous _____

    tu _____

10. faire to do

    je _____

    tu _____

    il/elle _____

    nous _____

    vous _____

    ils/elles _____

11. aller to go

    je _____

    tu _____

    il/elle _____

    nous _____

    vous _____

    ils/elles _____

12. prendre to take

    je _____

    tu _____

Poser une question avec l'inversion
Asking a Question with Inversion

- Switch the subject pronoun and the conjugated verb to change the sentence into a question.

  e.g.

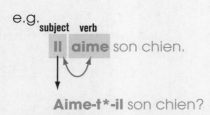

  Aime-t*-il son chien?

---

*When the verb ends with a vowel, insert "t" between the subject pronoun and the verb.

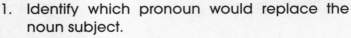

If the subject of the sentence is a common or proper noun, follow these steps.

1. Identify which pronoun would replace the noun subject.
   e.g. le garçon → il

2. Insert the pronoun between the subject and the verb.
   e.g. Le garçon, aime son chien.
                     il

3. Switch the inserted pronoun and the verb.
   e.g. Le garçon, **aime-t*-il** son chien?
   The boy, does he like his dog?

C.   Donnez le pronom sujet qui remplacerait le sujet. Ensuite transformez les phrases en questions avec l'inversion.

Indicate which pronoun would replace the subject. Then change the sentences into questions using inversion.

1.   Marc est au parc.   pronom sujet : _____

   Question : _____

2.   Marie et Simon finissent leurs devoirs. pronom sujet : _____

   Question : _____

3.   Toi et ton chien êtes les plus gentils. pronom sujet : _____

   Question : _____

4.   Moi et ma sœur attendons le train.   pronom sujet : _____

   Question : _____

D. **Transformez les phrases en questions en utilisant l'inversion et les adverbes interrogatifs « où, pourquoi, comment ».**
Change the sentences into questions using inversion and the interrogative adverbs "où, pourquoi, comment".

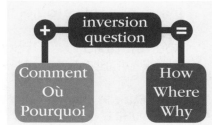

1. Marc mange sa pomme dans la cuisine. (where)

   Où Marc mange–t–il sa pomme?

2. Il est très gentil. (how)

   _____

3. La plante grandit très vite. (how)

   _____

4. Nous parlons ensemble. (how)

   _____

5. Il arrose les fleurs pour qu'elles grandissent. (why)

   _____

6. Nous devons aller à l'école. (why)

   _____

7. Les légumes sont chers au marché. (where)

   _____

8. Moi et mon frère, nous sommes contents. (why)

   _____

9. Les enfants étudient à la bibliothèque. (where)

   _____

L'adjectif interrogatif « quel »
The Interrogative Adjective "Quel"

The interrogative adjective "quel" always agrees in number and gender with the noun that follows it. It is put before inversion to ask "which" or "what".

"which/what" thing	
singular	plural
quel (m.)	quels (m.)
quelle (f.)	quelles (f.)

e.g. **Quelle chemise** portes-tu?
Which shirt are you wearing?

Quel animal préférez-vous?
What animal do you prefer?

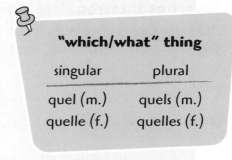

In French, « quel » means both "which" and "what".

E. **Écrivez la bonne forme de « quel ».**
Write the correct form of "quel".

1. Dans _____ jardin (m.) la fleur pousse-t-elle?

2. _____ sœur aime-t-elle le plus?

3. _____ joueur (m.) de football est le plus fort?

4. _____ saison (f.) préférez-vous?

5. _____ âge (m.) a-t-elle?

6. _____ livres (m.) vas-tu rendre à la bibliothèque?

7. _____ nouvelles (f.) annoncent-ils?

8. _____ jupes (f.) lavez-vous?

9. _____ langues (f.) comprends-tu?

10. _____ jeux (m.) jouons-nous aujourd'hui?

Expressions

En anglais : In English	En français : In French
"Why…" "Because…"	« Pourquoi… » « Parce que… »

Pourquoi salis-tu ta robe?
Why are you dirtying your dress?

Parce qu'il n'y a pas de serviettes!
Because there aren't any napkins!

F. Répondez aux questions par des phrases complètes ou demandez la question, selon le cas.
Either answer the questions with a complete sentence or ask the question for each case.

1. Q : Pourquoi étudiez-vous?

   A : _____
   We're studying because we have a test.

2. Q : _____
   Why are you waiting for the bus?

   A : Nous attendons l'autobus parce que nous allons à l'école.

3. Q : _____
   Why are you returning your book?

   A : Je rends mon livre parce que je n'en ai plus besoin.

4. Q : Pourquoi met-il ses chaussures?

   A : _____
   He's putting his shoes on because he's going to the park.

15 Le camping

Camping

Vocabulaire : Le camping

Grammaire : « Vouloir » et « pouvoir »

Je veux la crème antimoustique!
juh vuh la krehm aan·tee·moos·teek
I want the insect repellent.

A. Copiez les mots.
Copy the words.

l'excursion the excursion	la boussole the compass	la lampe électrique the flashlight
lehks·kewr·syohn	*lah boo·sohl*	*lah laamp eh·lehk·treek*
la tente the tent	la lanterne the lantern	le gilet de sauvetage the life jacket
lah taant	*lah laan·tehrn*	*luh jee·leh duh sohv·tahj*
la carte the map	la crème solaire the sunscreen	le sac de couchage the sleeping bag
lah kahrt	*lah krehm soh·lehr*	*luh sahk duh koo·shahj*

le moustique the mosquito	**la crème antimoustiques** the mosquito repellent
luh moos·teek	*lah krehm aan·tee·moos·teek*
la fourmi the ant	**la cigale** the cicada
lah foor·mee	*lah see·gahl*

le feu de camp
the campfire

_____

luh fuh duh kaam

le bois de chauffage
the firewood

_____

luh bwah duh shoh·fahj

les allumettes
the matches

_____

leh zah·lew·meht

> **Je fait du kayak!**
> *I'm kayaking!*

Faire...
une promenade
to go for a walk

_____

ewn proh·muh·nahd

Aller à...
la pêche
to go fishing

_____

lah pehsh

la chasse
to go hunting

_____

lah shahs

B. Mettez la bonne lettre dans le cercle.
Put the correct letter in the circle.

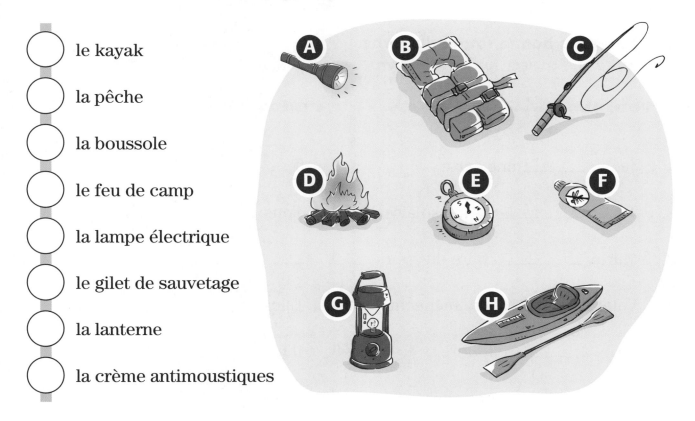

◯ le kayak

◯ la pêche

◯ la boussole

◯ le feu de camp

◯ la lampe électrique

◯ le gilet de sauvetage

◯ la lanterne

◯ la crème antimoustiques

Grammaire

"Vouloir" and "pouvoir" are irregular verbs from the 3rd group. "Vouloir" can be followed by a common noun or an infinitive verb. "Pouvoir" is only followed by an infinitive verb or nothing at all.

« vouloir » +
• a common noun
• an infinitive

e.g.   Il veut un <u>bonbon</u>.
                    noun
He wants a candy.

Il veut <u>manger</u>.
              infinitive
He wants to eat.

	« vouloir » to want	« pouvoir » to be able to/can
je	veu**x**	**p**eu**x**, **puis***
tu	veu**x**	**p**eu**x**
il/elle	veu**t**	**p**eu**t**
nous	v**o**ulons	**po**uvons
vous	v**o**ulez	**po**uvez
ils/elles	v**eu**lent	**p**eu**v**ent

*The form "puis" is only used with inversion questions.
e.g. Puis-j'aller aux toilettes?
    May I go to the washroom?

"pouvloir" + an infinitive

e.g.

Je peux <u>dessiner</u>.   *I can draw.*
     infinitif

C.   Écrivez la bonne forme du verbe.
Write the correct form of the verb.

« **vouloir** »

1.   Je _____ une carte.

2.   Tu _____ la crème solaire.

3.   Marie _____ faire du sport.

4.   Vous _____ être médecin.

5.   Ils _____ répondre.

6.   Elles _____ partager.

« **pouvoir** »

1.   Tu _____ l'avoir.

2.   Vous _____ étudier.

3.   _____-je répondre?

4.   Elles _____ être gentilles.

5.   Il ne _____ pas nager.

6.   Nous _____ très bien nager.

D. Regardez les images et écrivez ce que chaque personne veut.
Look at the pictures and indicate what each person wants.

A _____

B _____

C _____

D _____

E. Écrivez une phrase complète pour décrire ce que chaque personne peut faire.
Write complete sentences to describe what the people can do.

1. Je – naviguer avec une boussole

   _____

2. Tu – donner la crème antimoustiques à Michelle

   _____

3. Émilie, Luc et Thérèse – remplir la tente

   _____

4. Ils – sommeiller dans leurs sacs de couchage

   _____

5. Vous – donner des leçons de pêche

   _____

Impératif de « vouloir »
Imperative of "vouloir"

En anglais :

In English

You (sg.): Please + imperative

You (pl.): Please + imperative

The imperative of "vouloir" is used to give polite orders. It is followed by an infinitive and is translated as "Please...".

En français :

In French

Tu :   veuille + infinitif
        vuhy

Vous : veuillez + infinitif
        vuh·yeh

Veuillez entrer!
vuh·yeh aan·treh
Please come in!

F.   Récrivez les ordres suivants en y ajoutant « vouloir » à l'impératif.
Rewrite the orders below by adding the correct imperative form of "vouloir".

1.   Mange tes légumes s'il te plaît!

_____

2.   Attachez votre ceinture!

_____

3.   Excusez mon retard!

_____

4.   Trouve mon chat!

_____

5.   Acceptez nos excuses!

_____

G. Remplissez les tirets pour compléter la lettre de Julie à sa tante.

Fill in the blanks to complete Julie's letter to her aunt.

Ma chère tante Anne,   le 1 juillet 2012

    Je vous écris₁ pour vous inviter à notre _____ . Moi et

tent

la famille, nous nous sommes installés au bord₂ du grand lac. Ici, nous

_____ de la natation. Aujourd'hui, nous _____ .

to be able to do   _to go fishing_

Les nuits, nous dormons₃ dans nos _____ et nous _____

                                sleeping bags   _to be able to hear_

les cigales chanter dans les arbres. Vous _____ rester chez nous si

                                      to be able to

vous _____ ; notre tente est immense₄! Nous _____

      to want to   _to be able to do_

du canotage₅ ensemble. Ne vous inquiétez₆ pas, vous n'avez pas besoin

d'apporter₇ votre _____ , car nous en avons un de plus₈! Je

                life jacket

_____ même nous naviguer₉ avec _____ , comme ça

to be able to   _my compass_

nous ne nous perdrons pas₁₀! _____ amener votre _____

                            Please (vouloir)   _mosquito repellent_

parce qu'il y a beaucoup de _____ . _____ trouver

                              mosquito   _Please (vouloir)_

ci-joint une photo de notre site de camp!

J'_____ votre arrivée₁₁.

    to wait

Je vous embrasse,

Julie

1. _Je vous écris_ : I'm writing to you
2. _nous nous sommes installés au bord_ : we set ourselves up by the edge
3. _dormir_ : to sleep
4. _immense_ : huge   5. _le canotage_ : canoeing   6. _inquiéter_ : to worry
7. _apporter_ : to bring   8. _de plus_ : extra   9. _naviguer_ : to navigate
10. _ne nous perdrons pas_ : we will not get lost   11. _l'arrivée_ : the arrival

L'impératif

The Imperative

Vocabulaire : Les verbes réguliers du 1er, 2e, et 3e groupes

Grammaire : L'impératif

Cherche partout!
shehrsh pahr·too

Search everywhere!

A. Copiez les mots.
Copy the words.

1er groupe

travailler to work	**amener** to bring	**rester** to stay
_____ *trah·vah·yeh*	_____ *ahm·neh*	_____ *rehs·teh*
demander to ask	**inviter** to invite	
_____ *duh·maan·deh*	_____ *ahn·vee·teh*	
visiter to visit		
_____ *vee·zee·teh*		

2e groupe

		nourrir to feed
		_____ *noo·reer*
	bâtir to build	**finir** to finish
	_____ *bah·teer*	_____ *fee·neer*
réussir to succeed	**choisir** to choose	**guérir** to heal
_____ *reh·ew·seer*	_____ *shwah·zeer*	_____ *geh·reer*

3ᵉ **groupe** verbes en « -RE »

attendre
to wait

descendre
to go down

_____
ah·taandr

_____
deh·saandr

See Unit 8 for « -RE » conjugations.

répondre
to answer

entendre
to hear

vendre
to sell

_____
reh·pohndr

_____
aan·taandr

_____
vaandr

B. **Remplissez les tirets en conjuguant les verbes du 1ᵉʳ groupe.**
Fill in the blanks by conjugating the verbs of the 1ˢᵗ group.

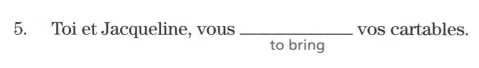

See Unit 1 for conjugations of verbs in the 1ˢᵗ group.

1. Je _____ un chat à mes parents.
         to ask

2. Tu _____ chez toi.
        to stay

3. Marlée _____ ses grands-parents.
         to visit

4. Nous _____ les soirs.
        to work

5. Toi et Jacqueline, vous _____ vos cartables.
          to bring

6. Alex et Jean _____ leurs amis.
        to invite

7. Je _____ un service à mon frère.
        to ask

C. **Conjuguez les verbes du 2ᵉ groupe. Ensuite traduisez les phrases.**
Conjugate the verbs of the 2nd group. Then translate the sentences.

1. Je _____ (choisir) le médecin le plus gentil.

    En anglais : _____

    _____

    See Unit 5 for conjugations
    of verbs in the 2nd group.

2. Alex _____ (finir) l'exercise.

    En anglais : _____

3. Tu _____ (réussir) dans la vie. (la vie : life)

    En anglais : _____

4. Jacques et sa sœur _____ (nourrir) les oiseaux.

    En anglais : _____

D. **Conjuguez les verbes en « -RE » du 3ᵉ groupe.**
Conjugate the verbs ending in "-RE" from the 3rd group.

« répondre »

1. Je _____ au téléphone.

2. Tu _____ à la lettre.

3. Elle _____ à la question.

4. Nous _____ à l'heure.

5. Vous _____ au couriel.

« attendre »

1. Vous _____ le train.

2. Qu'est ce qu'il _____ ?

3. Tu _____ ta mère.

4. J' _____ l'autobus.

5. Elles _____ le repas.

E. Reliez les noms aux infinitifs correspondants.

Match the nouns with the corresponding infinitives.

une guérison
a cure

un choix
a choice

le travail
the work

une invitation
an invitation

un dessin
a drawing

un bâtiment
a building

la fin
the end

une vente
a sale

une visite
a visit

une réponse
an answer

une demande
a request

la nourriture
food

un jeu
a game

1. jouer   _____

2. choisir   _____

3. demander   _____

4. finir   _____

5. nourrir   _____

6. dessiner   _____

7. travailler   _____

8. répondre   _____

9. vendre   _____

10. guérir   _____

11. inviter   _____

12. visiter   _____

13. bâtir   _____

L'impératif
The Imperative

The imperative is used to command someone to do something.

The imperative is only conjugated in three persons: tu, nous, vous.

	« -ER »	« -IR »	« -RE »
tu	Travailles! Work!	Choisis! Choose!	Attends! Wait!
nous	Travaillons! Let's work!	Choisissons! Let's choose!	Attendons! Let's wait!
vous	Travaillez! Work!	Choisissez! Choose!	Attendez! Wait!

> *In the imperative, subjects are not expressed; they are neither spoken nor written.*

Imperative endings are the same as those in the present tense.

e.g. l'indicatif présent : **Tu attends** le train.
      You are waiting for the train.

      l'impératif : **Attends le** train!
      Wait for the train!

Exception: for verbs ending in "-ER", the -s ending in the second person singular "tu" is dropped.

e.g. l'indicatif présent : **Tu manges** une banane.
      You are eating a banana.

      l'impératif : **Mange une** banane!
      Eat a banana!

Attention!

être	avoir
sois *be*	aie *have*
soyons *let's be*	ayons *let's have*
soyez *be*	ayez *have*

e.g. N'aie pas peur!
Don't be scared!

F. Mettez les phrases à l'impératif.
Put the sentences in the imperative.

1. Tu finis ton dîner. _____

2. Nous demandons la pause. _____

3. Vous attendez l'autobus. _____

4. Vous amenez vos amis. _____

5. Tu rends visite au dentiste. _____

6. Tu es gentille. _____

G. Complétez les phrases avec la bonne forme de l'impératif.
Complete the sentences with the correct form of the imperative.

1.

_____ la lampe!
regarder (tu)

_____ gentil!
être (vous)

2.

_____ aux questions.
répondre (vous)

_____ la bonne _____ .
choisir (vous)   the answer

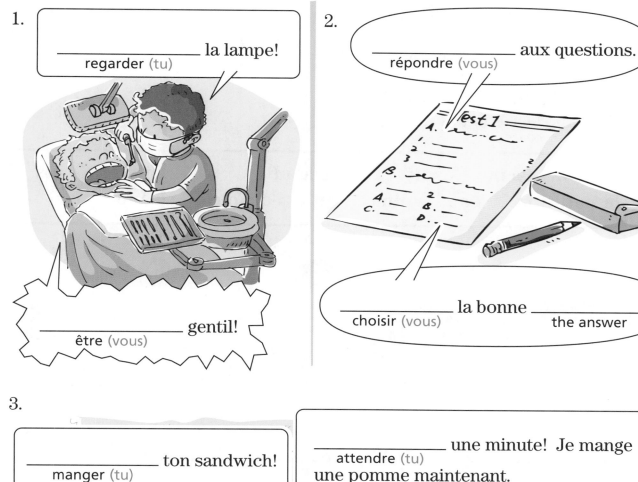

3.

_____ ton sandwich!
manger (tu)

_____ une minute! Je mange
attendre (tu)
une pomme maintenant.

_____-
cacher (nous)
nous vite!
Let's hide quickly!

_____ là!
rester (vous)

Stay there!

_____-moi tranquille!
laisser (vous)
Leave me alone!

La révision 2

- Au restaurant
- La santé
- La communication
- l'impératif

- Les sports
- La question
- Le camping

A. Écrivez les mots à la bonne place.
Write the words in the correct spaces.

| qui | la piscine | soif | une maladie | où | pilules | jus |
| la natation | eau | plus | qu'est-ce que | tisane | mal |

A J'ai très _____ . J'ai besoin du _____ , de l' _____

et de la _____ chaude.

B J'aime faire de_____ . J'aime nager dans le lac _____

que dans _____ .

C Elle a _____ sérieuse. Elle a toujours _____ et elle prend

beaucoup de _____ .

D Mon frère pose trop de questions. Il demande :

« _____ tu fais? » , « _____ vas-tu? » et « Tu parles avec

_____ ? »

une excursion	quelle	la télévision	allumettes	une carte	où
finis	amène	comment	lave	les nouvelles	

E Florence n'aime pas regarder les annonces à _____ . Elle préfère

regarder _____ .

F Chère Élodie,

_____ vas-tu? _____ es-tu maintenant? Tu habites

dans _____ ville?

G Nous faisons _____ . Nous avons besoin d' _____ et

des _____ .

H Mon grande frère me donne toujours des ordres!

« _____ -moi des bonbons! _____ mes devoirs pour

moi et _____ mes vêtements! » crie-t-il.

B. Écrivez vrai ou faux.
Write true or false.

1. La salade est une entrée. _____

2. On mange le croque-monsieur pour le dessert. _____

3. On dit « faire du vélo » et non pas « jouer au vélo » . _____

4. Une coupure est une sorte de* blessure. _____

5. La tour CN est la plus grande tour au monde. _____

6. Un portable n'est pas une sorte de téléphone. _____

*une sorte de : a kind of

C. Remplacez le mot anglais avec le bon mot français.
Replace the English word with the correct French word.

Ce soir, moi et ma famille mangeons chez notre 1._____ préféré.

Mon père 2._____ toujours 3._____ et 4._____ . Mon

frère prend 5._____ et 6._____ .   Moi, je vais commander

7._____ , 8._____ , un croque-monsieur, et un gros morceau

de 9._____ . J'ai très 10._____ . « Tu vas 11._____ si tu

manges tout ça, Véronique! » avertit Papa. 12._____ arrive à table et nous

commençons à manger. Je 13._____ tout! « Ça va? » demande mon frère.

« Non, ça ne va pas du tout... » Mon père prend son 14._____ et téléphone

à 15._____ . « 16._____ arrive », dit-il. À l'hôpital, 17._____

écoute mon cœur avec 18._____ et

prend ma température avec 19._____ .

20._____ arrive avec les résultats et

je demande : « 21._____ ne va pas? »

« Vous avez tout simplement mangé trop vite. »

Mon père et mon frère commencent à rire très

fort. Comme je suis gênée.

---

1. *restaurant*	2. *to take*	3. *the soup of the day*	4. *the pasta*
5. *some fries*	6. *some chicken*	7. *some cheese*	8. *the salty crêpes*
9. *cake*	10. *hungry*	11. *to have a stomachache*	12. *our dinner*
13. *to taste*	14. *cell phone*	15. *the hospital*	16. *the ambulance*
17. *the nurse (f.)*	18. *the stethoscope*	19. *the thermometer*	20. *the doctor*
21. *what - subject*			

D. Remettez le texte dans le bon ordre.
Put the events from the text in order.

1. L'ambulance amène la famille à l'hôpital.
2. Le médecin partage les résultats avec la famille.
3. Ils commandent leurs repas.
4. Véronique mange trop et a mal au ventre.
5. Véronique est très gênée.
6. Ils vont au restaurant.

_____

_____

_____

_____

_____

_____

E. Encerclez la bonne réponse à l'aide de l'image.
Circle the correct answer with the help of the picture.

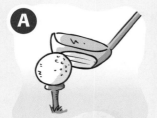   

A Il frappe₁ la balle avec _____ .

le club / le bâton

B Le ballon va au-dessus _____ .

du panier / du filet

C Ils sont sur _____ .

les matelas / la poutre

D Elle porte _____ .

son casque / ses patins

1. frapper - to hit

F. Mettez la bonne lettre dans chaque cercle.
Put the correct letter in the circle.

Où est-il? ◯

On signale avec... ◯

Qui est-ce qui... ◯

Il tire sur la rondelle avec... ◯

Quand on a une blessure... ◯

Qui est-ce que... ◯

Il y a beaucoup d'annonces... ◯

On parle avec... ◯

Quand on a mal à la gorge... ◯

Le moustique est... ◯

Quand j'ai soif... ◯

A je bois de l'eau.

B son bâton de hockey.

C on y met un pansement.

D on prend des médicaments.

E tu cherches?

F amène les boissons?

G dans la revue.

H la bouche.

I Il est à la cuisine.

J les gestes.

K un insecte.

G. Rayez l'intrus.
Cross out the word that does not belong.

1.
le moustique
la piqûre
la fourmi
la cigale

2.
l'art
la lettre
le télégramme
le courriel

3.
la fièvre
la toux
le stéthoscope
la coupure

4.
le soccer
la natation
la gymnastique
la lutte

5.
la viande
les fruits de mer
la volaille
la salade

6.
le thé
le café
la tisane
la crème glacée

7.
pouvez
voulons
faisons
jouons

8.
Travaille!
Choisis!
Restez!
Demande!

H. Reliez les mots qui conviennent.
Join the words that go together.

1. répondre
2. la lanterne
3. pourquoi
4. la coupure
5. le bois de chauffage
6. le jus
7. le médecin
8. le hockey
9. la pilule
10. les pâtes

- le feu de camp
- parce que
- les médicaments
- le patinage
- une réponse
- le riz
- la limonade
- la lampe électrique
- le pansement
- l'infirmier

L'heure du conte

La fête d'anniversaire surprise de Sébastien

Personnages

Sébastien

l'institutrice

les amis

C'est l'anniversaire de Sébastien et sa mère et son père lui offrent un cadeau très spécial.

C'est un vaisseau spatial! Sébastien adore son cadeau parce qu'il adore beaucoup les extraterrestres.

Réponses courtes

1. Est-ce que Sébastien aime son cadeau?

2. Est-ce que les amis de Sébastien se rappellent de son anniversaire?

Sébastien monte dans l'autobus qui l'amène à l'école. Tous ses amis lui **souhaitent** un « joyeux anniversaire! » Tous ses amis **se rappellent** que c'est son anniversaire. Ils disent à Sébastien qu'il y a une surprise ce soir.

Sébastien, nous avons une petite surprise pour toi! Tu dois attendre jusqu'à plus tard ce soir!

J'attends mon tour!
I am waiting for my turn!

Nouveaux verbes
New Verbs

souhaiter : to wish

se rappeler : to remember

attendre : to wait

Pendant la **récréation**, Sébastien joue avec son vaisseau spatial. Il imagine que les **extraterrestres** arrivent à son école. Il est si occupé à imaginer des histoires avec les extraterrestres qu'il ne voit pas ses amis courir à l'intérieur.

Réponses courtes

1. Pourquoi est-ce que Sébastien ne voit pas ses amis courir à l'intérieur?

2. Qu'est-ce que ses amis utilisent pour préparer sa surprise?

Les amis de Sébastien trouvent des boîtes, de la peinture, des balles de ping pong et des fils. Ils se préparent pour la surprise de Sébastien et ils ont besoin de tous ces objets pour la compléter.

Nouveaux mots
New Words

la récréation : recess

un extraterrestre : alien

un cadeau p.116 : gift

Est-ce que tu aimes ton cadeau, Sally?
Do you like your gift, Sally?

Les enfants prennent leur travail **au sérieux**. Ils coupent des trous dans les boîtes et ils les peignent avec **beaucoup de soin**. Ensuite ils peignent des cercles sur les balles de ping pong. Ils font tout le travail avec créativité et originalité.

Réponses courtes

1. Qu'est-ce que les enfants font avec les boîtes?

2. Pourquoi est-ce que les enfants doivent se dépêcher?

Vite, vite les enfants! Nous devons nous dépêcher. La récréation est presque terminée.

L'institutrice fait un tout petit trou dans **chaque** balle de ping pong et ajoute un petit fil.

J'emballe le cadeau avec beaucoup de soin.
I wrap the gift with lots of care.

Nouvelles expressions
New Expressions

au sérieux : seriously
beaucoup de soin : lots of care
chaque : each

Soudainement, Sébastien entre dans la salle de classe. Les enfants cachent tous les objets **juste à temps** et Sébastien ne voit rien. La classe et la journée continuent **comme d'habitude**.

Réponses courtes

1. Est-ce que les enfants cachent les objets à temps?

2. Est-ce que les amis de Sébastien rentrent à la maison?

Sébastien part de l'école et rentre à la maison presque tout seul dans le bus. Il y a seulement une autre fille mais il ne remarque pas que ses amis ne sont pas dans le bus.

Je mange un délicieux repas comme d'habitude.
I eat a delicious meal as usual.

Nouvelles expressions
New Expressions

soudainement : suddenly

juste à temps : just in time

comme d'habitude : as usual

Les enfants préparent la salle de classe pour la fête d'anniversaire surprise de Sébastien. Les enfants **gonflent** des ballons, ils glacent le gâteau et l'institutrice met la dernière touche aux décorations.

Ouah, regarde l'extraterrestre, il paraît presque réel!

Réponses courtes

1. Comment est-ce que les enfants préparent la salle de classe pour la fête?

2. À quelle heure est-ce que Sébastien part de la maison?

Environ six heures du soir, le père du Sébastien lui dit : « Viens Sébastien, je vais t'**amener à** la surprise que tes amis préparent pour toi. » Sébastien **se dépêche** parce qu'il veut arriver à temps pour sa surprise. Sébastien et son père partent de la maison.

Sébastien, on y va!

Au revoir Maman!

J88 GFH

Je t'amène à l'hôpital, Teddy.
I take you to the hospital, Teddy.

Nouveaux verbes
New Verbs

gonfler : to blow up

amener (à) : to take (to)

se dépêcher : to hurry

Quand son père l'amène à nouveau à l'école, Sébastien est très surpris et un peu confus. Son père lui dit au revoir et il part. Sébastien entre dans la salle de classe et...

Au revoir Sébastien!

Tous ses amis sont là habillés en extraterrestre! Leur surprise pour Sébastien est une fête d'anniversaire sur le thème des extraterrestres.

Réponses courtes

1. **Comment se sent Sébastien quand son père l'amène à nouveau à l'école?**

2. **Qu'est-ce que les enfants crient tous en même temps quand Sébastien entre?**

SURPRISE!!

Tous les enfants sautent de joie et crient tous en même temps : « Joyeux anniversaire! » Sébastien dit : « C'est une super fête d'anniversaire! Merci beaucoup! J'adore mon costume d'extraterrestre. »

Coin de grammaire
Grammar Corner

Nouns in plural form...

add "-x"	
(for words ending in "-eau/-au/-eu")	
un/le	cadeau
des/les	cadeau**x**

add "-aux"	
(for words ending in "-ail/-al")	
un/le	travail
des/les	trav**aux**

add "-s"	
(for most words)	
une/la	fête
des/les	fête**s**

keep it the same	
(for words ending in "-s/-x/-z")	
un/le	bus
des/les	bu**s**

Est-ce que tu te rappelles?

Remplis les espaces pour compléter les phrases. Ensuite mets les événements en ordre de 1 à 5.

Fill in the blanks to complete the sentences. Then put the events in order from 1 to 5.

joyeux anniversaire
fête d'anniversaire
un vaisseau spatial
extraterrestre
amène

**Ordre
d'événements**

C'est l'anniversaire de Sébastien et sa mère et son père lui offrent _____ comme cadeau.

Pendant la récréation, ses amis préparent sa _____ .

Tous ses amis se rappellent que c'est son anniversaire et lui disent : « _____ ! »

Tous ses amis sont là habillés en _____ et il pense que c'est une super fête d'anniversaire.

Sébastien est surpris quand son père l'_____ à nouveau à l'école et lui dit au revoir.

À l'écrit

Mets les mots dans le bon ordre pour compléter les phrases.
Put the words in the correct order to complete the sentences.

1 classe la fête pour préparent salle la **Les enfants** surprise d'anniversaire de

2 le gâteau et **Les enfants** ils gonflent ballons des glacent

3 ses **Tous** lui amis souhaitent un « joyeux anniversaire! »

4 ses là habillés amis **Tous** sont extraterrestre en

1. _____

2. _____

3. _____

4. _____

Conjuguons ensemble

Complète les conjugaisons. Ensuite remplis les espaces avec la bonne conjugaison en utilisant « partir » ou « se dépêcher ».

Complete the conjugations. Then fill in the blanks with the correct conjugation using "to leave" or "to hurry".

Partir			**Se dépêcher**	
to leave			*to hurry*	

	s / t / ons / ez / ent			e / es / ons / ez / ent

Partir (to leave)		**Se dépêcher** (to hurry)		
je	par___	je	me	dépêch___
tu	par___	tu	te	dépêch____
il	par___	il	se	dépêch___
elle	par___	elle	se	dépêch___
nous	part_____	nous	nous	dépêch_____
vous	part____	vous	vous	dépêch____
ils	part_____	ils	se	dépêch_____
elles	part_____	elles	se	dépêch_____

Dépêchons-nous!

1. _____
   Tina and I leave

2. _____
   you and Sean hurry

3. _____
   Mr. Daniels leaves

4. _____
   Joannah leaves

5. _____
   Sam and Jack hurry

6. _____
   Sally and Amy leave

7. _____
   I hurry

8. _____
   Aunt Lisa hurries

Histoire 1

Conjuguons ensemble

Remplis les espaces à l'aide du tableau sur la page de gauche.
Fill in the blanks with the help of the table on the left page.

1. Sébastien _____ parce qu'il veut arriver à temps pour sa surprise.

2. Sébastien et son père _____ à l'école, son père l'amène à sa fête d'anniversaire.

3. La mère de Sébastien lui demande : « Est-ce que tu _____ maintenant? »

4. « Oui, Maman. Je _____ pour partir », lui répond Sébastien.

5. Les enfants disent : « Nous _____ ! » car la récréation est presque terminée.

6. Est-ce que tu _____ quand tu viens au travail?

7. Non, je _____ tôt de ma maison.

Résumé de l'histoire

Fais un résumé de l'histoire « La fête d'anniversaire surprise de Sébastien » à l'aide de la phrase et des mots donnés.

Summarize the story "Sebastian's Surprise Birthday Party" with the help of the given sentence and words.

La fête d'anniversaire surprise de Sébastien

un extraterrestre
l'institutrice
gonfler   habiller
la salle de classe

Pendant la récréation, Sébastien joue avec son vaisseau spatial et ses

amis se préparent pour sa surprise. _____

_____

_____

_____

_____

La Ferme Ensoleillée

Personnages

un fermier

un garçon

les lamas

La Ferme Ensoleillée est très désordonnée. Aujourd'hui il y a **seulement** une seule famille qui visite la ferme. Le fermier ne sait pas quoi faire parce que les gens ne visitent plus sa ferme. Il n'a pas beaucoup d'argent et il commence à devenir pauvre.

Je **ne** peux **plus** faire ça! Je suis si fatigué que je ne peux pas continuer!

Réponses courtes

1. Quels sont les problèmes du fermier?

2. Pourquoi est-ce que les animaux sont tristes?

La ferme **devient de plus en plus** vieille. Le travail devient de plus en plus difficile et le fermier devient de plus en plus vieux. Les animaux deviennent très tristes à cause de la situation difficile du fermier.

Le toit va tomber!

Il y a des trous dans le toit de l'écurie et il y a de la boue partout. La ferme est un vrai désastre.

Tu deviens de plus en plus puissant.
You're becoming more and more powerful.

Nouvelles expressions
New Expressions

seulement : only

ne…plus : no longer

devenir de plus en plus : to become more and more

Aujourd'hui, le fermier est triste encore à cause de sa vieille ferme qui n'a pas beaucoup de visiteurs. La mule **préférée** du fermier essaye de le réconforter mais elle ne peut pas.

J'ai besoin de quelqu'un pour m'aider avec la ferme.

Réponses courtes

1. Qu'est-ce que le fermier veut?

2. Qu'est-ce que le petit garçon fait?

Ouais! Ils ne peuvent pas me voir!

Un jour, une famille visite finalement la vieille ferme. Le petit garçon est très **désobéissant** et se comporte mal. Il dit à ses parents qu'il va explorer et décide de monter sur le **toit** de l'**écurie**.

C'est ma nourriture préférée.
This is my favourite food.

Nouveaux mots
New Words

préféré(e) : favourite

désobéissant(e) : naughty

le toit : roof   l'écurie : stable

Ahhhhhh!

Le toit commence à tomber et le petit garçon tombe dans la boue. Il commence à pleurer parce qu'il ne peut pas bouger. Il a très peur et ne sait pas quoi faire pour s'en sortir.

Réponses courtes

1. Pourquoi est-ce que le petit garçon tombe dans la boue?

2. Qu'est-ce que les lamas font?

Les lamas voient le petit garçon tomber et ils courent pour l'aider. Un lama **enlève** le seau de sa tête en **donnant un coup de pied**. Un autre lama le tire par la manche et le sauve de la boue.

Je ne peux pas le **croire**.
Vous m'avez sauvé!

Je crois que mon rêve va se réaliser!
I believe my dream is going to come true!

Nouveaux verbes
New Verbs

enlever : to remove

donner un coup de pied : to kick

croire : to believe

Le petit garçon est sain et sauf maintenant **grâce aux** lamas. La mère et le père du petit garçon disent un grand merci aux lamas pour sauver le petit garçon. Il demande pardon pour monter sur le toit. Il dit qu'il ne va jamais le faire encore.

Réponses courtes

1. **Pourquoi est-ce que le petit garçon demande pardon?**

2. **Qui prend les photos des lamas et de la ferme?**

Papa pense que cette histoire doit être dans le journal. Il appelle le journal pour leur raconter l'histoire chez La Ferme Ensoleillée.

Un reporter vient prendre des photos des lamas et de la ferme. Papa donne beaucoup de détails et dit que les lamas sont les héros de l'histoire.

Nouvelles expressions
New Expressions

Grâce à vous, mon chat est hors de danger.
Thanks to you, my cat is safe.

si désolé(e) : so sorry
grâce à : thanks to
à cause de p.135 *: because of*

L'histoire des lamas est **à la première page** du journal.

Merci bien!

Beaucoup de gens viennent pour visiter la ferme et pour aider le fermier. Ils aident avec le toit et ils donnent aussi de l'argent au fermier.

Réponses courtes

1. Qu'est-ce qu'il y a à la première page du journal?

2. Comment est-ce que la ferme devient ordonnée et pleine de vie?

Grâce aux visiteurs, la ferme devient ordonnée et **pleine de vie** encore. Beaucoup de gens continuent à visiter et à aider la ferme.

Je veux vraiment voir les lamas.

Nouvelles expressions
New Expressions

à la première page : on the front page
plein(e) de vie : full of life
sain et sauf p.140 *: safe and sound*

Le parc est plein de vie.
The park is full of life.

Une petite fille parle avec l'âne préféré du fermier. Un autre garçon donne à manger à un cheval. Encore plus que leurs parents, les enfants adorent La Ferme Ensoleillée et tous les animaux aussi.

Réponses courtes

1. **Est-ce que les enfants adorent La Ferme Ensoleillée?**

2. **Quels animaux est-ce que les enfants adorent le plus?**

Les enfants adorent encore plus les lamas parce qu'ils sont les héros de l'histoire. Les lamas continuent à recevoir beaucoup d'attention pour sauver le petit garçon.

> Nous aimons les enfants aussi!

> Ils sont mes animaux préférés!

> In French, all **nouns** are either **masculine** or **feminine**. The article* (le/la or un/une) tells you whether it is masculine or feminine.

Coin de grammaire
Grammar Corner

Fill in the articles. Look up the dictionary if needed.

<u>un/le</u> gâteau   _____ robe   _____ enfant

_____ avion   _____ hôtel   _____ maison

> *For masculine or feminine nouns that start with a vowel or a silent "h", use **l'**.

Est-ce que tu te rappelles?

**Remplis les espaces pour compléter les phrases.
Ensuite mets les événements en ordre de 1 à 5.**

Fill in the blanks to complete the sentences. Then put the events in order from 1 to 5.

courent	vieille
visiteurs	fermier
désordonnée	

Ordre d'événements

Les animaux sont très tristes à cause de la situation difficile du _____ .

Grâce à l'histoire dans le journal beaucoup de _____ visitent la ferme.

Un jour, une famille qui a un petit garçon visite finalement la _____ ferme.

Les lamas voient le petit garçon tomber et ils _____ pour l'aider.

La Ferme Ensoleillée est très _____ et peu de gens y visitent.

À l'écrit

Tu es un journaliste qui doit écrire l'histoire d'un animal héroïque. Donne de détails et utilise ton imagination!

You are a journalist who has to write a story about a heroic animal. Give details and use your imagination!

Qui est l'animal héroïque?

un ours

un singe

une grenouille

Où?

dans l'arbre   à la porte

dans la fenêtre   sur la clôture

Quand?

le matin   la nuit

l'après-midi

L'Express

L'animal héroïque

L'animal héroïque _____

sauve _____

_____

_____

_____

Conjuguons ensemble

Complète les conjugaisons. Ensuite remplis les espaces avec la bonne conjugaison en utilisant « devenir » ou « dire ».

Complete the conjugations. Then fill in the blanks with the correct conjugation using "to become" or "to say".

Devenir
to become

je	devien__
tu	devien__
il	devien__
elle	devien__
nous	deven____
vous	deven____
ils	devienn____
elles	devienn____

s	s
t	t
ons	ons
ez	es
ent	ent

Dire
to say

je	di__
tu	di__
il	di__
elle	di__
nous	dis____
vous	dit____
ils	dis____
elles	dis____

1. _____
   the boys say

2. _____
   Sara and Jack become

3. _____
   my friends and I say

4. _____
   the ladies become

5. _____
   you say

6. _____
   Mike and I become

7 La ferme _____ ordonnée.

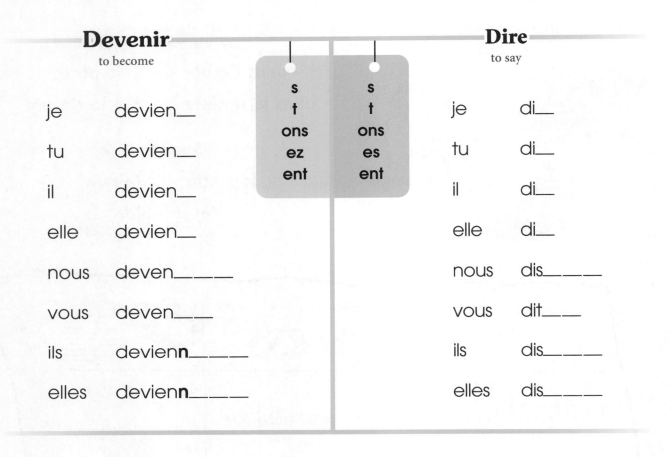

Conjuguons ensemble

Remplis les espaces à l'aide du tableau sur la page de gauche.
Fill in the blanks with the help of the table on the left page.

1. Les animaux _____ très tristes à cause de la situation difficile du fermier.

2. Le fermier _____ qu'il a besoin de quelqu'un pour l'aider avec sa ferme.

3. Le petit garçon qui visite la ferme _____ à ses parents qu'il va explorer.

4. Les parents du petit garçon _____ un grand merci aux lamas pour sauver le petit garçon.

5. La ferme _____ de plus en plus vieille et le travail _____ de plus en plus difficile.

6 M. Gilles _____ que tu es une bonne interprète.

7 Oui, mais je _____ de plus en plus nerveuse.

Histoire 2

Résumé de l'histoire

Fais un résumé de l'histoire « La Ferme Ensoleillée » à l'aide de la phrase et des mots donnés.

Summarize the story "Sunny Farm" with the help of the given sentence and words.

ordonnée   le toit

le journal   sauver

les visiteurs

Vous devenez célèbres!

Le fermier et les animaux sont tristes

parce que La Ferme Ensoleillée est

désordonnée et _____

_____

_____

_____

_____

_____

Les marionnettes en bois

Personnages

Joseph

Jacqueline

les marionnettes

Ouah! Les marionnettes sont belles! Elles sont faites de bois et portent des costumes bien détaillés. Je pense qu'elles sont **faites à la main** aussi.

La famille de Joseph et Jacqueline vient de déménager à une vieille maison. Ils trouvent une boîte mystérieuse avec des marionnettes **en bois** au grenier.

Réponses courtes

1. Où est-ce que la famille trouve les marionnettes en bois?

2. Est-ce que Joseph et Jacqueline sont heureux de trouver les marionnettes?

Joseph et Jacqueline adorent leurs nouvelles marionnettes! Ils décident de les prendre à l'école **le lendemain** pour les montrer à tous leurs camarades de classe.

> **Regarde cette marionnette, elle paraît être un petit prince!**

> **Regarde le train en bois. Il est fait à la main!**
> Look at the wooden train. It is handmade.

Nouvelles expressions
New Expressions

fait à la main : handmade

en bois : wooden

le lendemain : the next day

Pourquoi pas donner un spectacle avec les marionnettes? Qu'est-ce que vous pensez les enfants?

Le lendemain, Joseph et Jacqueline montrent leurs marionnettes à toute la classe. Leurs camarades de classe trouvent les marionnettes magnifiques et ils veulent tous jouer avec eux.

Celle-ci me paraît le meilleur!

Réponses courtes

1. Qu'est-ce que Joseph et Jacqueline montrent à la classe?

2. Qu'est-ce que c'est la première chose que la classe fait pour le spectacle?

La première chose que la classe fait pour se préparer pour le spectacle de marionnettes est de créer des nouveaux vêtements pour les marionnettes. Tous les enfants sont très occupés.

Il y a des enfants qui **coupent** le tissu, d'autres qui **coudent** ou bien qui **collent** où nécessaire pour **finir** les costumes. L'institutrice remplace les ficelles de chaque marionnette avec beaucoup d'attention.

Je me suis collé au mur! Aidez-moi!
I glued myself to the wall! Help me!

Nouveaux verbes
New Verbs

couper : to cut   *coudre : to sew*

coller : to glue   *finir : to finish*

Ensuite les enfants apprennent comment tirer sur les ficelles pour faire bouger les marionnettes. Chaque enfant **prend son tour** à contrôler la marionnette et ils s'amusent bien à ce jeu.

Regarde la belle image que je dessine!

Entretemps, les autres enfants préparent le théâtre miniature où le spectacle va **avoir lieu**.

 ## Réponses courtes

1. Qu'est-ce que les enfants apprennent à faire?

2. Qu'est-ce que Jacqueline fait?

Les garçons sont bien contents de leur travail et ont hâte de commencer le spectacle. Jacqueline prépare les accessoires pour le spectacle. Joseph a l'idée de créer une scène qui paraît être d'un conte de fées. Il pense que c'est parfait pour les marionnettes!

Un spectacle de magie va avoir lieu dans mon arrière-cour.
A magic show will take place in my backyard.

Nouvelles expressions
New Expressions

prendre son tour : *to take a turn*

entretemps : *meanwhile*

avoir lieu : *to take place*

La dernière chose que les enfants font pour **se préparer** pour le spectacle est d'écrire un script et de **distribuer** les rôles.

Il était une fois...

Réponses courtes

1.   Qu'est-ce que les enfants écrivent pour le spectacle?

2.   Comment est-ce que les enfants font danser les marionnettes?

La classe présente le spectacle pour tous les élèves de l'école. Pour faire danser les marionnettes ils **tirent** sur les ficelles des marionnettes. Tout le monde adore le spectacle et les enfants sont bien fiers de leur accomplissement.

Je me prépare pour un spectacle de chien.
I prepare myself for a dog show.

Nouveaux verbes
New Verbs

se préparer : to prepare
distribuer : to distribute
tirer : to pull

Après le **spectacle**, Joseph et Jacqueline remettent les marionnettes dans la **boîte** et retournent à la maison. Ils décident de laisser les marionnettes à l'école pendant la nuit.

Doucement, doucement Joseph.

Réponses courtes

1. Qu'est-ce que Joseph et Jacqueline font après le spectacle?

2. Comment est-ce que les marionnettes s'échappent?

Un, deux, trois, on y va!

Pendant la nuit, les marionnettes poussent la boîte ouverte. Elles s'assurent qu'il n'y a personne dans la salle de classe.

Un par un, elles coupent les **ficelles**, sortent de la boîte et s'échappent par la fenêtre. Elles ne font aucun **bruit**…

Nouveaux mots
New Words

le spectacle : show   la boîte : box

la ficelle : string   le bruit : noise

Je peux entendre le bruit dans la boîte.
I can hear the noise in the box.

Les marionnettes courent pour s'échapper rapidement du village et aller vers la forêt.

Nous n'avons pas besoin de gens pour tirer sur nos ficelles!

Une fois là, elles commencent à danser et à chanter avec beaucoup de joie. Elles **sont heureuses** et elles aiment bien être libres dans la forêt.

Réponses courtes

1. Qu'est-ce que les marionnettes font une fois dans la forêt?

2. Pourquoi est-ce que les enfants sont tristes?

Le lendemain, les enfants sont surpris et bien tristes de découvrir que les marionnettes ont disparu. Ils se demandent où elles sont allées mais personne ne sait la réponse. Joseph et Jacqueline sont les plus tristes et **les autres enfants** essayent de les consoler.

Oh non! Les marionnettes ont disparu! Où est-ce qu'elles **sont allées**?

Coin de grammaire
Grammar Corner

A "liaison" means that the normally silent ending consonant of a word is pronounced before a word that begins with a vowel or a silent "h".

Before a vowel

- le**s** autre**s** enfants
  (the "s" is pronounced as "z")
- son**t** allées

Before a silent "h"

- son**t** heureuses

Est-ce que tu te rappelles?

Remplis les espaces pour compléter les phrases. Ensuite mets les événements en ordre.

Fill in the blanks to complete the sentences. Then put the events in order.

A. Pendant la nuit, les marionnettes _____ par la fenêtre sans aucun bruit.

B. Le lendemain, ils _____ leurs marionnettes à toute la classe.

C. Dans la boîte, il y a des _____ faites de bois.

D. La famille trouve une boîte _____ au grenier.

E. La classe présente un _____ avec les marionnettes pour toute l'école.

F. Les marionnettes sont _____ et n'ont pas besoin de gens pour tirer sur les ficelles.

libres

marionnettes

spectacle

montrent

mystérieuse

s'échappent

Ordre d'événements

À l'écrit

Complète le tableau avec des adjectifs de l'histoire. Ensuite remplis les espaces.
Complete the table with adjectives from the story. Then fill in the blanks.

singulier	pluriel	singulier	pluriel
	petits	petite	petites
mystérieux	mystérieux		mystérieuses
	parfaits	parfaite	parfaites
beau	beaux		belles
nouveau		nouvelle	
dernier	derniers		dernières
vieux	vieux		vieilles
fier		fière	fières

1. les _____ fleurs
   beautiful

2. les bruits _____
   mysterious

3. la _____ robe
   new

4. la tenue _____
   perfect

5. les _____ chaussures
   old

6 Je suis _____ du spectacle!
proud

7 la _____ marionnette
last

8 la _____ chatte
small

Conjuguons ensemble

Complète les conjugaisons. Ensuite remplis les espaces avec la bonne conjugaison en utilisant « trouver » ou « écrire ».

Complete the conjugations. Then fill in the blanks with the correct conjugation using "to find" or "to write".

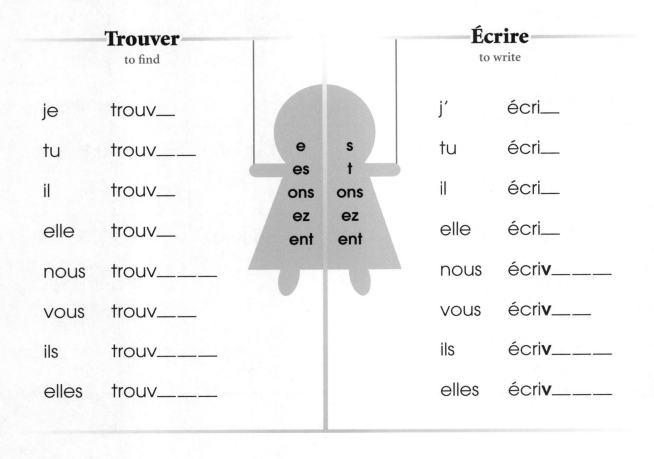

Trouver
to find

je	trouv__
tu	trouv____
il	trouv__
elle	trouv__
nous	trouv_____
vous	trouv____
ils	trouv_____
elles	trouv_____

(center swing) e / es / ons / ez / ent   s / t / ons / ez / ent

Écrire
to write

j'	écri__
tu	écri__
il	écri__
elle	écri__
nous	écri**v**_____
vous	écri**v**____
ils	écri**v**_____
elles	écri**v**_____

1. _____
   Mr. Potter finds

2. _____
   Billy and Willy write

3. _____
   he finds

4. _____
   Mary writes

5. _____
   Ted and Amy find

6. _____
   my aunt and I write

7. _____
   you find

8. J'_____ .

Conjuguons ensemble

Remplis les espaces à l'aide du tableau sur la page de gauche.

Fill in the blanks with the help of the table on the left page.

1. La famille _____ les marionnettes en bois au grenier.

2. Les enfants _____ un script pour le spectacle devant l'école.

3. Jacqueline _____ le rôle de la princesse dans l'histoire.

4. Leurs camarades de classe _____ les marionnettes magnifiques.

5 Est-ce que tu _____ l'histoire bien intéressante?

6 Nous _____ que le spectacle est très amusant!

7 Vous _____ souvent des histoires des marionnettes?

Résumé de l'histoire

Fais un résumé de l'histoire « Les marionnettes en bois » à l'aide de la phrase et des mots donnés.

Summarize the story "The Wooden Puppets" with the help of the given sentence and words.

Les *marionnettes* en bois

libres   lendemain
écrire   ensuite
le spectacle

Un jour, Jacqueline et Joseph trouvent une boîte mystérieuse avec des marionnettes en bois au grenier.

_____

_____

_____

_____

_____

_____

Le défilé de mode

Personnages

Maman

Hannah

Grand-tante Lily

La classe de Hannah veut présenter un défilé de mode. Hannah est la **seule** de ses camarades de classe qui est **inquiète**. Est-ce qu'elle va s'habiller en pantalon, en robe? Elle ne peut pas décider quoi porter.

Réponses courtes

1. Pourquoi est-ce que Hannah est inquiète?

2. Pourquoi est-ce que Hannah veut trouver la tenue parfaite?

Après l'école, Hannah rentre à la maison pour trouver la **tenue** parfaite pour le défilé de mode. Elle ouvre chaque **tiroir**, elle cherche et cherche mais elle ne peut pas trouver quelque chose qu'elle aime bien.

Il doit y avoir quelque chose pour le défilé!

Nous aimons nos tenues.
We like our outfits.

Nouveaux mots
New Words

seul(e) : only, alone   inquièt(e) : worried

la tenue : outfit   un tiroir : drawer

Il y a des jupes, des pantalons, des T-shirts, des pantoufles, des bottes et **même plus absolument partout**. Hannah cherche même sous le lit où elle a ses plus vieilles chaussures.

Pourquoi est-ce qu'il n'y a pas quelque chose que j'aime?

Réponses courtes

1. Est-ce que Hannah trouve quelque chose qu'elle aime?

2. Qu'est-ce que la mère de Hannah lui dit de faire?

Aïe!

La maman de Hannah entre mais elle n'aide pas. Elle dit à Hannah de nettoyer sa chambre. Il y a des vêtements partout et elle ne veut pas voir ça.

Je fais des achats partout.
I shop everywhere.

Nouvelles expressions
New Expressions

même plus : even more
absolument : absolutely
partout : everywhere

Pourquoi est-ce que tu ne vas pas voir ta grand-tante Lily? Elle a toujours des bonnes idées et elle aime bien te voir. Qu'est-ce que tu penses?

Je pense qu'elle est trop vieille pour savoir la mode d'aujourd'hui.

Réponses courtes

1. Qu'est-ce que la maman de Hannah suggère?

2. Est-ce que Hannah va voir sa grand-tante Lily?

Hannah va voir sa grand-tante Lily. Elle ne sait pas si sa grand-tante peut l'aider avec son défilé. Elle ne sait pas **à quoi s'attendre** mais elle veut regarder dans son coffre de vêtements.

> Regarde dans ce coffre. **Peut-être** il y a quelque chose.

> **Je n'ai aucune idée à quoi m'attendre.**
> I have no idea what to expect.

Nouvelles expressions
New Expressions

d'aujourd'hui : of today

à quoi s'attendre : what to expect

peut-être : maybe

Hannah trouve tout dans le coffre de sa grand-tante!

Il y a des beaux chapeaux, des belles robes, des perles scintillantes et des belles chaussures. Elle veut tout essayer et elle **pense** que tout est très beau.

Réponses courtes

1.   Qu'est-ce qu'il y a dans le coffre de sa grand-tante?

2.   Est-ce que sa grand-tante a des vêtements à la mode?

Les vêtements à la mode ne sont pas quelque chose de nouveau. Quand j'avais ton âge, moi j'étais à la mode aussi.

Sa grand-tante Lily aide Hannah à choisir une tenue pour le défilé. Elles **regardent** tous les différents vêtements. Hannah **embrasse** sa grand-tante et lui dit au revoir!

Quand je dors, j'embrasse mon ours en peluche.
When I sleep, I hug my teddy bear.

Nouveaux verbes
New Verbs

penser : to think

regarder : to look at, to watch

embrasser : to hug, to kiss

Le jour du défilé **arrive** et tous les enfants sont habillés à la mode. Il y a une fille qui **porte** une jupe jaune et un garçon qui essaye des chaussures rouges. Une fille est habillée complètement en rose.

Ouah! Vous êtes tous magnifiques dans vos tenues!

Hannah, fais vite et prépare-toi pour le défilé!

Réponses courtes

1. Comment est-ce que les enfants sont habillés le jour du défilé?

2. Est-ce que les enfants sont contents de défiler sur le podium?

Tu as l'air vraiment cool, Joseph!

Les enfants **défilent** sur le podium et ils sont très contents. Ils adorent montrer leurs tenues au public qui **applaudit** beaucoup. Ils sont un peu nerveux mais ils essayent de faire un bon travail.

Quand j'arrive, tout le monde applaudit.
When I arrive, everyone applauds.

Nouveaux verbes
New Verbs

arriver : to arrive   porter : to wear

défiler : to parade

applaudir : to applaud

Hannah est la dernière à défiler sur le podium et elle le fait avec **beaucoup** de confiance. Les autres enfants pensent qu'elle est **très** élégante et jolie.

Ouah!

Elle est magnifique!

Elle porte la belle robe et les perles scintillantes de sa grand-tante. Elle a **une** plume blanche sur son chapeau.

Réponses courtes

1. Qu'est-ce que les enfants pensent de Hannah?
2. Qu'est-ce que Hannah apprend?

Alors les nouvelles tenues ne sont pas toujours les meilleures!

Tout le monde applaudit Hannah pour sa tenue. Tous les enfants s'amusent bien avec le défilé de mode et le public apprécie beaucoup la grande variété de vêtements.

Coin de grammaire
Grammar Corner

Quantity can be expressed in many ways.

Nombre	un	deux	trois	quatre
L'article indéfini	un	une	des	
L'article partitif	du	de la	de l'	des
Adverbe	peu	trop	beaucoup	très

Est-ce que tu te rappelles?

Remplis les espaces pour compléter les phrases. Ensuite mets les événements en ordre.

Fill in the blanks to complete the sentences. Then put the events in order.

tenues   nettoyer   défilé de mode

beaucoup   essayer   porte

A.   Hannah trouve tout dans le coffre et elle veut tout _____ .

B.   Hannah défile sur le podium avec _____ de confiance.

C.   La maman de Hannah lui dit de _____ sa chambre et d'aller voir sa grand-tante Lily.

D.   La classe de Hannah présente un _____ et Hannah ne peut pas décider quoi porter.

E.   Elle _____ la belle robe de sa grand-tante et les enfants la trouvent jolie.

F

Les nouvelles _____ ne sont pas toujours les meilleures!

Ordre d'événements

☐ ☐ ☐ ☐ ☐ ☐

À l'écrit

Mets les mots dans le bon ordre pour compléter des phrases.
Put the words in the correct order to complete the sentences.

1

elle   élégante

qu'   très

Les enfants

est   pensent

2

Hannah

pas   décider

ne   porter

peut   quoi

3

le chapeau

porte

Hannah

les perles

la robe

et

4

Hannah

de   nettoyer

de   lui   dit

sa   chambre

La mère

5

grand-tante

coffre   de

le   **Hannah**

sa   trouve

tout   dans

Les phrases

1. _____

2. _____

3. _____

4. _____

5. _____

Conjuguons ensemble

Complète les conjugaisons. Ensuite remplis les espaces avec la bonne conjugaison en utilisant « regarder » ou « essayer ».

Complete the conjugations. Then fill in the blanks with the correct conjugation using "to look at, to watch" or "to try (on)".

Regarder
to look at, to watch

je	regarde
tu	regardes
il	regarde
elle	regarde
nous	regardons
vous	regardez
ils	regardent
elles	regardent

Essayer
to try (on)

j'	essaie/essaye
tu	essaies/essayes
il	essaie/essaye
elle	essa____/essay__
nous	essay____
vous	essay___
ils	essa_____/essay____
elles	essa_____/essay____

> "Essayer" is an optional stem-changing verb. It can:
> • be conjugated like a regular -er verb; or
> • take the optional stem change: change the "y" to an "i" for je, tu, il/ils, and elle/elles.

ie/e
ons
ez
ient/ent

1. _____
   Julian tries

2. _____
   Lena tries

3. _____
   Alex watches

4. _____
   Ed and Lucy look at

5. _____
   my family and I try

6. _____
   you and Jess look at

7

J' _____ les vêtements.

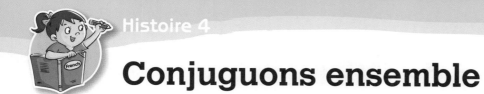

Conjuguons ensemble

Remplis les espaces à l'aide du tableau sur la page de gauche.
Fill in the blanks with the help of the table on the left page.

1. Le public _____ le défilé de mode et applaudit beaucoup.

2. Elle _____ beaucoup de vêtements avant de trouver la robe.

3. Hannah _____ toutes ses chemises et choisit finalement sa préférée.

4. Hannah et sa grand-tante _____ toutes les tenues dans le coffre avant de choisir la tenue parfaite.

5. « Nous _____ les vêtements avant le début du défilé », disent les enfants.

6 Maman, tu _____ les vêtements.

7 Jean et Julie, vous _____ la télévision.

Résumé de l'histoire

Fais un résumé de l'histoire « Le défilé de mode » à l'aide de la phrase et des mots donnés.

Summarize the story "The Fashion Show" with the help of the given sentence and words.

Le défilé de mode

la tenue	regarder
le coffre	trouver
beaucoup	

Hannah est inquiète parce que sa

classe veut présenter un défilé de mode

et _____

_____

_____

_____

_____

_____

_____

Le clown au cirque

Personnages

Luke

Jacques

un clown

Un jour, Luke va au cirque et il rencontre un garçon qui s'appelle Jacques. Il lui dit bonjour mais Jacques est trop triste pour répondre. Il a des **larmes** aux yeux et le regard perdu.

Je vais lui dire bonjour…

Luke veut savoir pourquoi il est si triste et s'assoit avec lui.

Réponses courtes

1. Où est-ce que Luke rencontre Jacques?

2. Qu'est-ce que les parents de Jacques font?

Les parents de Jacques sont des acrobates de cirque. Ils veulent le même **avenir** pour Jacques mais il ne veut pas être acrobate, il veut être un clown célèbre et aimé par tous les enfants.

Je veux être clown.
C'est mon rêve.

Nouveaux mots
New Words

la larme : tear

un avenir : future

un rêve : dream

J'ai un rêve de mon avenir.
I have a dream of my future.

Jacques emmène Luke partout au cirque et lui montre les différents actes de cirque.

Pour commencer, ils voient le cracheur de feu qui pratique pour ce soir. Les deux garçons sont très impressionnés par le talent du cracheur de feu car il peut souffler et faire le feu plus grand.

Comment peut-il faire ça? Je préfère les guimauves grillées!

Réponses courtes

1. **Est-ce que Luke veut être un cracheur de feu?**

2. **Pourquoi est-ce que Luke est triste pour Jacques?**

Monte ici, Jacques.

Ensuite ils vont voir les parents de Jacques sur la corde raide. Les parents de Jacques disent aux garçons de monter les voir mais Jacques **a** trop **peur**. Il n'aime pas monter sur la corde raide.

J'ai de la pitié pour toi, Jacques.

J'ai peur des araignées!
I am afraid of spiders!

Nouvelles expressions
New Expressions

pour commencer : first, to begin

avoir peur : to be afraid

avoir de la pitié : to feel sorry

Ensuite ils vont voir un vieux clown très grognon.

Les garçons marchent **derrière** le clown et ils imitent ses actions. Ils s'amusent beaucoup ensemble mais le clown ne s'amuse pas. Il veut courir après les garçons.

Réponses courtes

1. **Est-ce que le clown est content?**

2. **Qu'est-ce que Monsieur Loyal fait?**

Ces garçons **ont** vraiment **du talent** comme clowns!

Est-ce que vous voulez faire partie de notre spectacle?

Monsieur Loyal voit les garçons et leur demande s'ils veulent être des clowns ce soir pour le spectacle.

Je veux faire partie de l'équipe.
I want to be part of the team!

Nouvelles expressions
New Expressions

derrière : behind

avoir du talent : to be talented

faire partie de : to be a part of

Réponses courtes

1. Qu'est-ce que les garçons portent?

2. Qu'est-ce que Jacques apprend à Luke?

Jacques apprend à Luke comment faire le clown.

Ils commencent avec les **équilibres sur les mains**. C'est très difficile! Il faut garder l'équilibre et ne pas tomber par terre. Jacques est un bon professeur et Luke apprend de plus en plus vite.

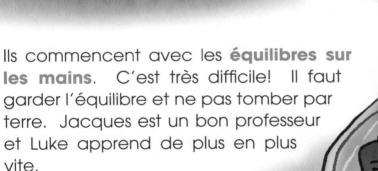

Tu parais ridicule!
You look ridiculous!

Nouveaux mots
New Words

ridicule : ridiculous

un équilibre sur les mains : handstand

grognon p.192 *: grumpy*

Ensuite Luke **apprend** comment faire du hula hoop. Jacques a du talent et peut faire du hula hoop facilement mais Luke n'arrive pas. Il ne **comprend** pas comment il doit bouger son corps. Cela n'est pas très facile.

Je n'arrive pas à garder le rythme!

Réponses courtes

1. **Quel garçon apprend à faire du hula hoop?**

2. **Qu'est-ce qu'il y a dans les seaux?**

Bientôt, le spectacle commence avec un éclat d'applaudissements. Chaque garçon a un seau plein d'eau et ils **se préparent** à jeter de l'eau sur le clown. Le pauvre clown ne peut pas les voir, il pense que le public applaudit pour lui.

Nous nous préparons à danser!
We are getting ready to dance!

Nouveaux verbes
New Verbs

apprendre : to learn

comprendre : to understand

se préparer (à) : to get ready (to)

Les garçons jettent les seaux sur le clown grognon. Le public trouve cette blague très amusante et rit beaucoup. Jacques et Luke savent comment donner un spectacle fantastique!

Réponses courtes

1. Comment est-ce que le public trouve la blague des garçons?

2. Pourquoi est-ce que Jacques est heureux?

« Mon fils, je pense que tu vas faire un merveilleux clown un jour et pas un acrobate de cirque », le père de Jacques lui dit.

Jacques est heureux parce que ses parents comprennent finalement sa passion.

Les garçons **se disent** au revoir mais ils restent des amis pour toujours. Quelle journée inoubliable ensemble!

A reflexive verb is when the action is done to oneself or between a group of people.

Coin de grammaire
Grammar Corner

Reflexive Verb (se/s' + verb)

Example:

se	dire

s'	amuser

↑   ↑

infinitive pronouns (se/s')

Est-ce que tu te rappelles?

Remplis les espaces pour compléter les phrases. Ensuite mets les événements en ordre.

Fill in the blanks to complete the sentences. Then put the events in order.

A. Les parents de Jacques sont des

_____ .

cirque	faire partie
apprend	faire le clown
comprennent	
acrobates de cirque	

B. Monsieur Loyal les invite à

_____ du spectacle.

C. Un jour, Luke va au _____ et il rencontre un garçon qui s'appelle Jacques.

D. Les parents de Jacques le voient

_____ et disent qu'il peut

être clown.

E. Jacques est heureux que ses parents

_____ finalement sa passion.

F. Jacques emmène Luke partout au cirque

et lui_____ à faire le clown.

Ordre d'événements

☐ ☐ ☐ ☐ ☐ ☐

À l'écrit

Complète les phrases avec des mots de l'histoire. Ensuite relie les phrases aux images.
Complete the sentences with words from the story. Then match the sentences with the pictures.

1 Je peux mettre du _____ dans ma bouche sans me faire mal, je peux souffler pour le faire encore plus grand.

2 Je marche sur une _____ et j'essaie de ne pas tomber. J'ai un excellent équilibre et je peux même sauter et tournoyer.

3 Nous regardons le _____ et nous nous amusons. Nous sommes des adultes et des enfants et nous rions beaucoup!

4 Je suis le plus amusant artiste au _____ , je peux te faire rire avec mon grand nez rouge, mes grandes chaussures noires ou mes blagues!

Qui suis-je?

Histoire 5

Conjuguons ensemble

Complète les conjugaisons. Ensuite remplis les espaces avec la bonne conjugaison en utilisant « apprendre » ou « s'amuser ».

Complete the conjugations. Then fill in the blanks with the correct conjugation using "to learn" or "to have fun".

Apprendre
to learn

j'	apprends
tu	apprends
il	apprend
elle	apprend
nous	apprenons
vous	apprenez
ils	apprennent
elles	apprennent

S'amuser
to have fun

je	__'amuse
tu	__'amuses
il	__'amuse
elle	__'amuse
nous	_____ amus_____
vous	_____ amus___
ils	__'amus_____
elles	__'amus_____

> **S'amuser**
> • is a reflexive verb.
> • uses reflexive pronouns.
>
> reflexive pronouns
>
> | me/m' | te/t' | se/s' |
> |---|---|---|
> | nous | | vous |

ons
ez
ent

1. _____
   Alice learns

2. _____
   Sam and I learn

3. _____
   you have fun

4. _____
   Grace has fun

5. _____
   Mr. and Mrs. Green learn

6. _____
   I have fun

7

Nous _____
au cirque!

Conjuguons ensemble

Remplis les espaces à l'aide du tableau sur la page de gauche.
Fill in the blanks with the help of the table on the left page.

1. Les garçons _____ beaucoup à apprendre comment faire le clown.

2. Le vieux clown ne _____ pas et veut courir après les garçons.

3. Luke _____ beaucoup de Jacques qui est un bon professeur et a du talent.

4. Les deux amis _____ comment c'est amusant de donner un spectacle.

5. Les parents de Jacques _____ que sa vraie passion est d'être clown.

6. Est-ce que tu _____ au centre de sciences?

7. Oui, j'_____ beaucoup de choses!

Résumé de l'histoire

Fais un résumé de l'histoire « Le clown au cirque » à l'aide de la phrase et des mots donnés.

Summarize the story "The Circus Clown" with the help of the given sentence and words.

les acrobates de cirque

un rêve

faire partie

grognon

le public

Luke rencontre Jacques quand il va au cirque et _____

_____

_____

_____

_____

_____

Amusez-vous avec les dialogues

Have Fun with Dialogues

1. Make your conjugation book.

   a. Cut out pages 209 to 212.

   b. Cut along the dotted lines to make six spread pages.

   c. Fold the spread pages and put them in order.

   d. Staple them.

2. Complete the dialogues on page 207 with the help of the conjugation book. Then copy the correct dialogues in the boxes.

3. Write a short paragraph on page 208 to describe the picture with the help of the given words.

Une journée d'amusement
A Fun Day

Je _____ fatigué. La musique
       to be

_____ trop forte.
  to be

_____-tu danser?
to be able to

_____ ! Je _____ jouer
to wait   to want

avec vous!

J'_____ sa tenue. Il _____
   to adore   to be

mon idole.

J'_____ que je _____ une
   to imagine   to be

superstar!

Bonjour chat. Nous _____ que
                   to think

tu _____ gentil!
   to be

Ils _____ et ils _____ ,
    to dance   to sing

Maman!

_____-nous! Nous _____
to help   to think

qu'il _____ nous manger!
      to want

_____ ! Je vous _____
to look at, to watch   to show

comment danser!

Quand tu _____, tu va pouvoir
         to grow

apprendre comment danser et

chanter, ma fille.

Une journée d'amusement
A Fun Day

la musique

le stand de nourriture

la foule

le chat

les souris

les nouilles

C'est un jour ensoleillé et le parc est plein de gens.

_____

_____

_____

_____

_____

_____

Mon livre de **Conjugaison**
My Conjugation Book

apprendre
to learn

j'	apprends
tu	apprends
il	apprend
elle	apprend
nous	apprenons
vous	apprenez
ils	apprennent
elles	apprennent

21

avoir
to have

j'	ai
tu	as
il	a
elle	a
nous	avons
vous	avez
ils	ont
elles	ont

2

	prendre to take	**vouloir** to want
je	prends	veux
tu	prends	veux
il	prend	veut
elle	prend	veut
nous	prenons	voulons
vous	prenez	voulez
ils	prennent	veulent
elles	prennent	veulent

19

Nous dansons!

4

être to be		faire to do
je	suis	fais
tu	es	fais
il	est	fait
elle	est	fait
nous	sommes	faisons
vous	êtes	faites
ils	sont	font
elles	sont	font

1

22

danser to dance		montrer to show
je	danse	montre
tu	danses	montres
il	danse	montre
elle	danse	montre
nous	dansons	montrons
vous	dansez	montrez
ils	dansent	montrent
elles	dansent	montrent

3

comprendre to understand		partir to leave
comprends		pars
comprends		pars
comprend		part
comprend		part
comprenons		partons
comprenez		partez
comprennent		partent
comprennent		partent

20

adorer to adore		imaginer to imagine
j'	adore	imagine
tu	adores	imagines
il	adore	imagine
elle	adore	imagine
nous	adorons	imaginons
vous	adorez	imaginez
ils	adorent	imaginent
elles	adorent	imaginent

5

18

	répondre to answer	**pouvoir** to be able to
je	réponds	peux
tu	réponds	peux
il	répond	peut
elle	répond	peut
nous	répondons	pouvons
vous	répondez	pouvez
ils	répondent	peuvent
elles	répondent	peuvent

17

	regarder to look at, to watch	**penser** to think
je	regarde	pense
tu	regardes	penses
il	regarde	pense
elle	regarde	pense
nous	regardons	pensons
vous	regardez	pensez
ils	regardent	pensent
elles	regardent	pensent

6

	attendre to wait	**écrire** to write
j'	attends	écris
tu	attends	écris
il	attend	écrit
elle	attend	écrit
nous	attendons	écrivons
vous	attendez	écrivez
ils	attendent	écrivent
elles	attendent	écrivent

15

Nous nettoyons notre maison.

8

	finir to finish	**choisir** to choose
je	finis	choisis
tu	finis	choisis
il	finit	choisit
elle	finit	choisit
nous	finissons	choisissons
vous	finissez	choisissez
ils	finissent	choisissent
elles	finissent	choisissent

13

	chanter to sing
je	chante
tu	chantes
il	chante
elle	chante
nous	chantons
vous	chantez
ils	chantent
elles	chantent

Il chante mal.

10

nettoyer / rencontrer

nettoyer — to clean
rencontrer — to meet

	nettoyer	rencontrer
je	nettoie	rencontre
tu	nettoies	rencontres
il	nettoie	rencontre
elle	nettoie	rencontre
nous	nettoyons	rencontrons
vous	nettoyez	rencontrez
ils	nettoient	rencontrent
elles	nettoient	rencontrent

7

dire

dire — to say

Lucy dit « merci ».

	dire
je	dis
tu	dis
il	dit
elle	dit
nous	disons
vous	dites
ils	disent
elles	disent

16

se rappeler

se rappeler — to remember

	se rappeler
je	me rappelle
tu	te rappelles
il	se rappelle
elle	se rappelle
nous	nous rappelons
vous	vous rappelez
ils	se rappellent
elles	se rappellent

9

grandir / nourrir

grandir — to grow
nourrir — to feed

	grandir	nourrir
je	grandis	nourris
tu	grandis	nourris
il	grandit	nourrit
elle	grandit	nourrit
nous	grandissons	nourrissons
vous	grandissez	nourrissez
ils	grandissent	nourrissent
elles	grandissent	nourrissent

14

travailler / rester

travailler — to work
rester — to stay

	travailler	rester
je	travaille	reste
tu	travailles	restes
il	travaille	reste
elle	travaille	reste
nous	travaillons	restons
vous	travaillez	restez
ils	travaillent	restent
elles	travaillent	restent

11

arriver

arriver — to arrive

J'arrive.

	arriver
j'	arrive
tu	arrives
il	arrive
elle	arrive
nous	arrivons
vous	arrivez
ils	arrivent
elles	arrivent

12

1 Les salutations
Greetings

B. 1. 22 h 30   2. 10 h 30
   3. 13 h 30   4. le matin
   5. le soir

C. 1. Salut
   2. Salut
   3. Bonjour Dr Leblanc!
   4. Salut Charlie!
   5. Bonjour Mme Blé!
   6. Bonjour M. Droit!

D. 1. See you soon!
   2. Later!
   3. See you tomorrow!
   4. Farewell!
   5. See you next time!

E. 1. serre la main de Paul
   2. serrent l'ours dans leurs bras
   3. embrasses ton cousin
   4. salue Lucie de la main

F. (Réponses suggérées)
   1. Je vais bien, merci.
      Bien, merci.
   2. Comme ci, comme ça.
      Ça va mal.
   3. Pas grand-chose.
      Rien de neuf.

G. (Réponses suggérées)
   1. Je m'appelle Paul.
      Comment vous appelez-vous?
      Bonjour Paul! Je m'appelle Martin.
   2. Bonjour! Je m'appelle Sylvie.
      Comment t'appelles-tu?
      Bonjour Sylvie! Je m'appelle Paul.
   3. Bonjour! Je m'appelle Anne.
      Comment vous appelez-vous?
      Bonjour! Je m'appelle Paul.

2 Les nombres : de 1 à 100
Numbers: 1 to 100

B. 1. 39   2. 74   3. 46
   4. 86   5. 96   6. 98
   7. 66   8. 76   9. 57
   10. 75

C. quatre-vingt-douze
   soixante-cinq
   quarante et un
   soixante-dix-sept
   quatre-vingts
   seize
   soixante-dix-neuf
   quatre-vingt-cinq
   quatre-vingt-dix-sept

D. 1. trente-six
   2. vingt-huit
   3. quatre-vingt-dix
   4. cinquante-trois
   5. quarante-sept
   6. soixante-quatorze
   7. dix-sept
   8. soixante-quatre
   9. cent
   10. quatre-vingt-onze
   11. quatre-vingt-quatorze

E. 1. soixante-seize
   2. quatre-vingt-onze
   3. soixante-sept

F. A: assez de
   B: beaucoup de
   C: peu d'
   D: peu d'
   E: beaucoup de

3 Les adjectifs possessifs
Possessive Adjectives

B. B: C'est notre chat. ; Ce sont nos chats.
   C: C'est mon ours. ; Ce sont mes ours.
   D: C'est votre maison. ; Ce sont vos maisons.
   E: C'est sa robe. ; Ce sont ses robes.

C. 1. Ma saison préferée est l'hiver.
   2. Notre classe est très grande.
   3. Ton professeur est très gentil.
   4. Sa crème glacée est froide.
   5. Ses quatre-vingt-dix-neuf robes sont jolies.
   6. Leur maison est grande mais leurs chambres sont petites.
   7. Ton nez est rouge!

D. 1. son
    2. Je mange ma pomme.
    3. Tes fleurs sont ici.
    4. Quelles sont ses robes?
    5. As-tu besoin de ton livre?
    6. J'embrasse ma mère.

E. Je : ma lampe ; la lampe à moi
        mes clés ; les clés à moi
    Tu : ton vélo ; le vélo à toi
         ta balançoire ; la balançoire à toi
         tes fleurs ; les fleurs à toi
    Il/Elle : son ananas ; l'ananas à lui/elle
              sa banane ; la banane à lui/elle
              ses pommes ; les pommes à lui/elle

F. 1. mes ; tes
    2. notre ; toi
    3. lui ; tes

G. 1. tes pieds
    2. ma bouche
    3. nos bouches
    4. leurs oreilles

4 Les conjonctions
Conjunctions

B. 1. et   2. ou
    3. Ni ; ni ; ne   4. mais
    5. n' ; ni ; ni   6. ou

C. 1. Je mange parce que j'ai faim.
    2. Tu chantes et tu danses.
    3. Nous avons raison car nous sommes
        intelligents.
    4. Je mange mon déjeuner puis je me brosse
        les dents.

D. 1. Je mange parce que j'ai faim.
    2. Il danse parce qu'il est content et elle
        pleure parce qu'elle est triste.
    3. Je sommeille parce que je suis fatigué(e)
        et ennuyé(e).
    4. Nous étudions le français parce qu'il est
        beau.
    5. Son chien aboie parce qu'il est fâché.

E. 1. ou je vais au parc avec mon frère
    2. ni avec ton chien ni avec ton chat
    3. ou vous allez à l'école
    4. ou ils vont à la plage

    5. ni ses lunettes ni son chapeau
    6. ni le chien n'aime le chat

F. et ; parce qu' ; car ; et ; mais ; Donc ; Ni ; ni ;
    Ou ; ou ; Donc ; puis

5 La négation
The Negative

B. 1. bâtir   2. remplir
    3. choisir   4. salir
    5. punir   6. nourrir
    7. avertir   8. rougir

C. 1. salit   2. finis
    3. grandissent   4. agit
    5. remplissons   6. obéissez
    7. rougissent   8. nourris
    9. choisit

D. 1. Il ne va jamais à l'école.
    2. Je n'aime pas mon cousin.
    3. Tu ne finis jamais tes devoirs.
    4. Tu ne remplis pas ton verre.
    5. Elle ne rougit plus de colère.
    6. Vous ne choisissez pas votre famille.
    7. Nous ne bâtissons plus une maison.
    8. Je n'avertis jamais mes amis.

E. 1. Jean aime bâtir des maisons.
    2. Jacqueline nourrit son chien.
    3. Lucie remplit son bol.
    4. Il obéit.

F. A: Elle rougit. ; Elle ne rougit pas.
    B: Elle remplit le bol. ; Elle ne remplit pas le
       bol.

G. 1. Monique punit son chien.
    2. Claire et Marie avertissent leur frère.
    3. Lucie choisit la robe bleue.
    4. Nous bâtissons une maison.

6 À l'épicerie
At the Grocery Store

B. 1. le prix ; un produit
    2. le sac ; le panier
    3. l'étagère ; le chariot
    4. la caissière ; la caisse ; une promotion

C. 1. le reçu
2. la caisse
3. le porte-monnaie
4. les étagères
5. le panier

D. 1. frais   2. congelés
3. chère   4. bon marché
5. salés   6. sucrée
7. amer   8. conservés
9. secs ; salés

E. A: verre   B: tranche
C: morceau   D: paquet
E: boîte

F. 1. un morceau
2. des miettes
3. une bouteille

G. Ingrédients : tranches ; tranches de fromage ; grandes tranches ; un bout de
Préparation : Finissez ; Mangez

7 En ville
In the City

B. 1. au cinéma   2. au restaurant
3. à l'école   4. au musée
5. au magasin

C. A: à l'aéroport
B: au marché
C: à la plage
D: au musée
E: au restaurant
F: au monument
G: au parc
H: au centre d'achats

D. 1. mange à l'école
2. finissent ; à la bibliothèque
3. êtes à l'aéroport
4. es à la plage
5. fait chaud au parc
6. arrivons à la maison (chez nous)

E. 1. va au   2. vais à
3. vont au   4. allez à
5. allons au   6. vas à
7. vont à   8. vais au
9. allez à

F. A: Marcel et son chien vont au parc.
B: Henri va au cinéma.
C: Nous allons à l'école.
D: Monsieur Paul va à New York.

G. (Réponses individuelles)

8 La cuisine
The Kitchen

B. 1. un bol
2. une fourchette
3. un couteau
4. une bouilloire
5. un grille-pain
6. un micro-ondes
7. une poêle
8. un placard
9. un napperon

C.

D. 1. réfrigérateur   2. verre
3. table   4. bol
5. fourchette   6. cuillère

E. entendre : entends ; entends ; entend ; entendons ; entendez ; entendent
répondre : réponds ; réponds ; répond ; répondons ; répondez ; répondent
rendre : rends ; rends ; rend ; rendons ; rendez ; rendent
mordre : mords ; mords ; mord ; mordons ; mordez ; mordent
descendre : descends ; descends ; descend ; descendons ; descendez ; descendent
1. attends   2. entendons
3. réponds   4. mord

F. descend ; finit ; attend ; va ; rend ; vendent ; mord ; perd

G. 1. ses livres ; la bibliothèque
2. à la cafétéria
3. son dîner
4. mord
5. perd

Réponses Answers

H.
1. C. vend
2. B. attendent
3. B. descends
4. C. répond

La révision 1
Revision 1

A.
A: Bonjour ; comment allez-vous ; Je vais bien
B: beaucoup ; réussit
C: ses ; Mon ; ma
D: et ; Mais ; ni
E: agit ; obéit
F: à l'épicerie ; porte-monnaie ; cents
G: ville ; cinéma ; restaurant
H: le placard ; bol ; cuillère ; table

B.
1. V 2. V 3. F
4. V 5. F 6. F

C.
1. Bonjour
2. vais à l'épicerie
3. et
4. l'argent
5. descends
6. les chariots
7. donc
8. un panier
9. beaucoup
10. étagères
11. produits
12. ma liste d'achats
13. remplis
14. secs
15. congelés
16. frais
17. prends
18. sucrés
19. la caisse
20. Le prix
21. choisis
22. assez
23. La caissière
24. cents
25. mes sacs

D. 4 ; 6 ; 1 ; 5 ; 3 ; 2

E.
A: un morceau   B: une boîte
C: un morceau   D: une bouteille
E: des miettes   F: un sac

F.
Nous nageons : J
Un reçu est : D
Une tour se trouve : F
« Pas assez » veut dire : G
Chaque produit a : K
Comment allez-vous? : H
Ni Jean, ni Luc : B
Comment t'appelles tu? : A
Je rends mes livres : I
Ça coûte trop cher. : E
Ça va? : C

G.
1. ta
2. Bonjour!
3. jamais
4. rougissez
5. une miette
6. remplir

H.

le sac à lui — son sac
pourquoi — parce que
un cent — l'argent
la caisse — le caissier
la rivière — le lac
une assiette — un bol
entendre — écouter
un panier — un chariot

9 Les sports
Sports

B.
1. le golf
2. le vélo
3. la natation
4. le football américain
5. la gymnastique
6. le patinage
7. le base-ball
8. le ski
9. le base-ball
10. le basket-ball

C.
Faire de : fais ; fais ; fait ; fait ; faisons ; faites ; font
Jouer à : joue ; joues ; joue ; joue ; jouons ; jouez ; jouent

D.
1. Elles font de la boxe.
2. Marie fait du patinage.
3. Vous jouez au hockey.
4. Bruno et Daniel jouent au tennis.
5. Tu joues au basket-ball.
6. Ils font de la lutte.
7. Il joue au golf.
8. Pierre et Martin jouent au soccer.

E.
ai ; réveille ; fais de la natation ; jouons au golf ; mangeons ; joue au basket-ball ; regarde la boxe ; faisons ; préparent ; jouons ; mangeons ; suis

10 Au restaurant
At the Restaurant

B. A: les pâtes B: les fruits de mer
C: la soupe D: le café
P: le thé Q: le riz
R: les pommes de terre
S: le poulet T: le gâteau

C. 1. la viande 2. le gâteau
3. le nectar 4. le pain
5. le lait

D. 1. jouer au tennis. ; I am going to play tennis.
2. Tu vas finir tes devoirs. ; You are going to finish your homework.
3. Marie va descendre l'escalier. ; Marie is going to go down the stairs.
4. Nous allons nager tous les jours. ; We are going to swim every day.
5. Vous allez danser très bien. ; You are going to dance very well.
6. Tu vas goûter le café. ; You are going to taste the coffee.

E. A: la soupe du jour, la salade verte et le croque-monsieur.
B: Tu vas prendre du jus d'orange, la crêpe, le riz et le yogourt.
C: Nous allons prendre des œufs, une salade, des fèves et du café.
D: Elles vont prendre un café, du lait et des crêpes au chocolat.
E: Il va prendre une salade niçoise, du jus et du pain.
F: Elle va prendre une tisane et une tranche de gâteau.

F. (Réponses individuelles)

11 La santé
Health

B. 1. a mal aux dents/au dent ; Guillaume has a toothache.
2. a mal à la tête ; Lisa has a headache.
3. a mal au ventre ; Benjamin has a stomach ache.

C.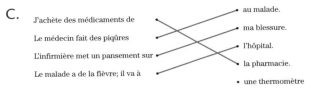

J'achète des médicaments de
Le médecin fait des piqûres
L'infirmière met un pansement sur
Le malade a de la fièvre; il va à

au malade.
ma blessure.
l'hôpital.
la pharmacie.
une thermomètre

D. 1. plus ; qu'
2. plus contente que Marie
3. plus petit/moins grand que ma cousine
4. aussi fort que mon père
5. plus petite que Caroline

E. 1. la plus
2. le plus gentil
3. la plus fatiguée
4. la plus intelligente
5. le moins fort

F. très ; plus ; que ; moins ; que ; plus ; que ; plus ; que ; le moins ; le plus ; plus ; que ; la plus ; aussi ; que ; très

12 La question : partie un
Questions: Part One

B. 1. Est-ce qu'ils attendent l'autobus? ; ils n'attendent pas l'autobus.
2. Est-ce que nous répondons aux questions? ; vous répondez aux questions.
3. Est-ce que Guillaume aime jouer au golf? ; Guillaume aime jouer au golf.

C. A: subject ; Qu'est-ce qui a un jouet?
B: object ; Qu'est-ce qu'Alice commande?
C: object ; Qui est-ce que tu attends?
D: subject ; Qui est-ce qui rend le vidéo?
E: object ; Qu'est-ce que tu écoutes?
F: subject ; Qui est-ce qui parle ensemble?

D. 1. Qu'est-ce que ; Quand est-ce que
2. Qui est-ce que ; Est-ce que

E. 1. Est-ce que ; c'est un animal.
2. Qu'est-ce qu'
3. Est-ce que c'est

F. 1. Quand est-ce qu'André marche dans la forêt?
2. Qu'est-ce que nous regardons à la télévision?
3. Qui est-ce qui parle au téléphone?
4. Est-ce qu'ils perdent leur temps?
5. Quand est-ce que vous allez prendre le train?
6. Qui est-ce qui vend de la limonade?
7. Qu'est-ce que nous attendons?

G. 1. Qu'est-ce que
2. Qu'est-ce que
3. Est-ce que

4. Qu'est-ce qu'
5. Quand est-ce que
6. Qui est-ce qui
7. Est-ce que
8. Antoine dessine un chat.
9. Oui, le chat trouve la réponse.
10. Le chat ne veut plus deviner.

13 La communication
Communication

B. A: portable
   B: satellite
   C: journal
   D: nouvelles
   E: affiche / annonce
   F: gestes
   G: blogue

C. 1. chaque
   2. Demain
   3. hebdomadaires
   4. Hier
   5. mensuels ; dernier

D. 1. b   2. b   3. b
   4. l   5. l   6. l

E. Nasal Vowels
   mensuel ; demander ; quand
   l'Internet ; quotidien ; le prochain
   information ; poisson
   lundi ; brun
   Accents
   la télévision ; un étudiant ; le céréale
   frère ; l'étagère ; la bibliothèque
   La cédille
   garçon ; Ça va? ; leçon
   un balcon ; le camion ; un courriel
   Consonants and Vowels
   Il pleut. ; deux
   une girafe ; je
   un lit ; une fille
   courrier ; bouche
   revue ; tu
   quatre ; le couloir
   une radio ; le soleil

14 La question : partie deux
Questions: Part Two

B. 1. as ; avez
   2. suis ; est
   3. mangeons ; mangez
   4. écoute ; écoutent
   5. grandit ; grandissons
   6. attends ; attend
   7. remplissent ; remplissons
   8. réponds ; répondons
   9. partageons ; partages
   10. fais ; fais ; fait ; faisons ; faites ; font
   11. vais ; vas ; va ; allons ; allez ; vont
   12. prends ; prends

C. 1. il ; Marc, est-il au parc?
   2. ils ; Marie et Simon, finissent-ils leurs devoirs?
   3. vous ; Toi ton chien, êtes-vous les plus gentils?
   4. nous ; Moi et ma sœur, attendons-nous le train?

D. 2. Comment est-il?
   3. Comment la plante grandit-elle?
   4. Comment parlons-nous?
   5. Pourquoi arrose-t-il les fleurs?
   6. Pourquoi devons-nous aller à l'école?
   7. Où sont-ils chers les légumes?
   8. Pourquoi moi et mon frère sommes-nous contents?
   9. Où les enfants étudient-ils?

E. 1. quel   2. Quelle
   3. Quel   4. Quelle
   5. Quel   6. Quels
   7. Quelles   8. Quelles
   9. Quelles   10. Quels

F. 1. Nous étudions parce que nous avons un test.
   2. Pourquoi attendez-vous l'autobus?
   3. Pourquoi rends-tu ton livre?
   4. Il met ses chaussures parce qu'il va au parc.

15 Le camping
Camping

B. H: le kayak
C: la pêche
E: la boussole
D: le feu de camp
A: la lampe électrique
B: le gilet de sauvetage
G: la lanterne
F: la crème antimoustiques

C. vouloir :

1. veux   2. veux
3. veut   4. voulez
5. veulent   6. veulent

pouvoir :

1. peux   2. pouvez
3. Puis   4. peuvent
5. peut   6. pouvons

D. A: Il veut une allumette.
B: Elle veut une lampe électrique.
C: Tu veux une boussole et un gilet de sauvetage.
D: Vous voulez de la crème antimoustiques et une tente.

E. 1. Je peux naviguer avec une boussole.
2. Tu peux donner la crème antimoustiques à Michelle.
3. Ils peuvent remplir la tente.
4. Ils peuvent sommeiller dans leurs sacs de couchage.
5. Vous pouvez donner des leçons de pêche.

F. 1. Veuille manger tes légumes s'il te plaît!
2. Veuillez attacher votre ceinture!
3. Veuillez excuser mon retard!
4. Veuille trouver mon chat!
5. Veuillez accepter nos excuses!

G. tente ; pouvons faire ; allons à la pêche ; sacs de couchage ; pouvons entendre ; pouvez ; voulez ; pouvons faire ; gilet de sauvetage ; peux ; ma boussole ; Veuillez ; crème antimoustiques ; moustiques ; Veuillez ; attends

16 L'impératif
The Imperative

B. 1. demande
2. restes
3. visite
4. travaillons
5. apportez
6. invitent
7. demande

C. 1. choisis ; I am choosing the nicest doctor.
2. finit ; Alex is finishing the exercise.
3. réussis ; You are succeeding in life.
4. nourrissent ; Jacques and his sister are feeding the birds.

D. répondre

1. réponds   2. réponds
3. répond   4. répondons
5. répondez

attendre

1. attendez   2. attend
3. attends   4. attends
5. attendent

E. 1. un jeu
2. un choix
3. une demande
4. la fin
5. la nourriture
6. un dessin
7. le travail
8. une réponse
9. une vente
10. une guérison
11. une invitation
12. une visite
13. un bâtiment

F. 1. Finis ton dîner!
2. Demandons la pause!
3. Attendez l'autobus!
4. Amenez vos amis!
5. Rends visite au dentiste!
6. Sois gentille!

G. 1. Regarde ; Soyez
2. Répondez ; Choisissez ; réponse
3. Mange ; Attends ; Cachons ; Restez ; Laissez

La révision 2
Revision 2

A. A: soif ; jus ; eau ; la tisane
B: la natation ; plus ; la piscine
C: une maladie ; mal ; pilules
D: Qu'est-ce que ; Où ; qui
E: la télévision ; les nouvelles
F: Comment ; Où ; quelle
G: une excursion ; une carte ; allumettes
H: Amène ; Finis ; lave

B. 1. V   2. F   3. V
   4. V   5. F   6. F

C. 1. restaurant
   2. prend
   3. la soupe du jour
   4. les pâtes
   5. des frites
   6. du poulet
   7. du fromage
   8. les crêpes salés
   9. gâteau
   10. faim
   11. avoir mal au ventre
   12. Notre souper
   13. goûte
   14. portable
   15. l'hôpital
   16. L'ambulance
   17. l'infirmière
   18. un stéthoscope
   19. un thermomètre
   20. Le médecin
   21. Qu'est-ce qui

D. 6 ; 3 ; 4 ; 1 ; 2 ; 5

E. A: le club
   B: du filet
   C: les matelas
   D: son casque

F. Où est il? : I
   On signale avec : J
   Qui est-ce qui : F
   Il tire sur la rondelle avec : B
   Quand on a une blessure : C
   Qui est-ce que : E
   Il y a beaucoup d'annonces : G
   On parle avec : H
   Quand on a mal à la gorge : D
   Le moustique est : K
   Quand j'ai soif : A

G. 1. la piqûre
   2. l'art
   3. le stéthoscope
   4. le soccer
   5. la salade
   6. la crème glacée
   7. pouvez
   8. Restez!

H.
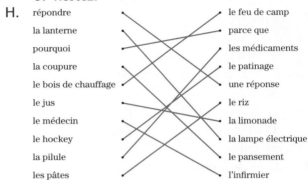

répondre — une réponse
la lanterne — la lampe électrique
pourquoi — parce que
la coupure — le pansement
le bois de chauffage — le feu de camp
le jus — la limonade
le médecin — l'infirmier
le hockey — le patinage
la pilule — les médicaments
les pâtes — le riz

Histoire 1
La fête d'anniversaire surprise de Sébastien

p. 128   Est-ce que tu te rappelles?

un vaisseau spatial ; fête d'anniversaire ; Joyeux anniversaire ; extraterrestre ; amène

1 ; 3 ; 2 ; 5 ; 4

p. 129   À l'écrit

1. Les enfants préparent la salle de classe pour la fête d'anniversaire surprise.
2. Les enfants gonflent des ballons et ils glacent le gâteau.
3. Tous ses amis lui souhaitent un « joyeux anniversaire! »
4. Tous ses amis sont là habillés en extraterrestre.

p. 130   Conjuguons ensemble

pars ; pars ; part ; part ; partons ; partez ; partent ; partent

dépêche ; dépêches ; dépêche ; dépêche ; dépêchons ; dépêchez ; dépêchent ; dépêchent

1. nous partons
2. vous vous dépêchez
3. il part
4. elle part
5. ils se dépêchent
6. elles partent
7. je me dépêche
8   elle se dépêche

p. 131   Conjuguons ensemble

1. se dépêche
2. partent
3. pars
4. me dépêche
5. nous dépêchons
6. te dépêches
7. pars

p. 132   Résumé de l'histoire

(Réponse individuelle)

Histoire 2
La Ferme Ensoleillée

p. 146   Est-ce que tu te rappelles?

fermier ; visiteurs ; vieille ; courent ; désordonnée

2 ; 5 ; 3 ; 4 ; 1

p. 147   À l'écrit

(Réponse individuelle)

p. 148   Conjuguons ensemble

deviens ; deviens ; devient ; devient ; devenons ; devenez ; deviennent ; deviennent

dis ; dis ; dit ; dit ; disons ; dites ; disent ; disent

1. ils disent
2. ils deviennent
3. nous disons
4. elles deviennent
5. tu dis
6. nous devenons
7. devient

p. 149   Conjuguons ensemble

1. deviennent
2. dit
3. dit
4. disent
5. devient ; devient
6. dit
7. deviens

p. 150   Résumé de l'histoire

(Réponse individuelle)

Histoire 3
Les marionnettes en bois

p. 164   Est-ce que tu te rappelles?

A: s'échappent
B: montrent
C: marionnettes
D: mystérieuse
E: spectacle
F: libres

D ; C ; B ; E ; A ; F

Réponses Answers

p. 165 À l'écrit

singulier	pluriel	singulier	pluriel
petit	petits	petite	petites
mystérieux	mystérieux	mystérieuse	mystérieuses
parfait	parfaits	parfaite	parfaites
beau	beaux	belle	belles
nouveau	nouveaux	nouvelle	nouvelles
dernier	derniers	dernière	dernières
vieux	vieux	vieille	vieilles
fier	fiers	fière	fières

1. belles
2. mystérieux
3. nouvelle
4. parfaite
5. vieux
6. fier
7. dernière
8. petite

p. 166 Conjuguons ensemble

trouve ; trouves ; trouve ; trouve ; trouvons ;
trouvez ; trouvent ; trouvent
écris ; écris ; écrit ; écrit ; écrivons ; écrivez ;
écrivent ; écrivent

1. il trouve
2. ils écrivent
3. il trouve
4. elle écrit
5. ils trouvent
6. nous écrivons
7. tu trouves
8. écris

p. 167 Conjuguons ensemble

1. trouve
2. écrivent
3. écrit
4. trouvent
5. trouves
6. trouvons
7. écrivez

p. 168 Résumé de l'histoire
(Réponse individuelle)

Histoire 4
Le défilé de mode

p. 182 Est-ce que tu te rappelles?

A: essayer
B: beaucoup
C: nettoyer
D: défilé de mode

E: porte
F: tenues

D ; C ; A ; B ; E ; F

p. 183 À l'écrit

1. Les enfants pensent qu'elle est très élégante.
2. Hannah ne peut pas décider quoi porter.
3. Hannah porte le chapeau, les perles et la robe.
4. La mère de Hannah lui dit de nettoyer sa chambre.
5. Hannah trouve tout dans le coffre de sa grand-tante.

p. 184 Conjuguons ensemble

essaie/essaye ; essayons ; essayez ; essaient/
essayent ; essaient/essayent

1. il essaie/essaye
2. elle essaie/essaye
3. il regarde
4. ils regardent
5. nous essayons
6. vous regardez
7. j'essaie/essaye

p. 185 Conjuguons ensemble

1. regarde
2. essaie/essaye
3. regarde
4. regardent
5. essayons
6. essaies/essayes
7. regardez

p. 186 Résumé de l'histoire
(Réponse individuelle)

Histoire 5
Le clown au cirque

p. 200 Est-ce que tu te rappelles?

A: acrobates de cirque
B: faire partie
C: cirque
D: faire le clown
E: comprennent
F: apprend

C ; A ; F ; B ; D ; E

p. 201 À l'écrit

1. feu
2. corde raide
3. spectacle
4. clown

2 ; 1 ; 3 ; 4

p. 202　Conjuguons ensemble

m'amuse ; t'amuses ; s'amuse ; s'amuse ; nous amusons ; vous amusez ; s'amusent ; s'amusent

1. elle apprend
2. nous apprenons
3. tu t'amuses
4. elle s'amuse
5. ils apprennent
6. je m'amuse
7. nous amusons

p. 203　Conjuguons ensemble

1. s'amusent
2. s'amuse
3. apprend
4. apprennent
5. apprennent
6. t'amuses
7. apprends

p. 204　Résumé de l'histoire

(Réponse individuelle)

Amusez-vous avec les dialogues
Have Fun with Dialogues

p. 208　Une journée d'amusement
　　　　A Fun Day
(Écriture individuelle)